Smaakvolle Reizen

Een Mediterraan Kookavontuur voor Beginners

Emma Jansen

Inhoud

zeevruchten linguine 9

Gember Garnalen En Tomaten Relish 11

Garnalenpasta 14

Gekookte Kabeljauw 16

Mosselen in witte wijn 18

dille zalm 20

Gladde Zalm 22

tonijn melodie 23

zee kaas 24

Gezonde Biefstuk 25

kruiden zalm 26

Gerookte Geglazuurde Tonijn 27

knapperige heilbot 28

Tonijn 29

Heet en vers visbiefstuk 30

Mosselen O' Marine 31

Slow Cooker mediterraan rosbief 32

Slow Cooker Mediterraans Rundvlees Met Artisjokken 34

Mager stoofvlees in mediterrane stijl uit de slowcooker 36

Gehaktballetjes uit de slowcooker 38

Slowcooker Mediterrane Beef Hoagies 40

Mediterraans gebraden varkensvlees 42

vleespizza 44

Rundvlees Bulgur Gehaktballetjes 47

heerlijk rundvlees en broccoli 49

Rundvlees Maïs Peper 50

Balsamico Kalfsvlees Maaltijd 51

Rosbief Met Sojasaus 53

Rosbief Met Rozemarijn 55

Varkenskarbonades en Tomatensaus 57

Kip Met Kappertjessaus 58

Kalkoenburger Met Mango Salsa 60

Gekruide Kalkoenfilet 62

Kippenworst En Paprika 64

kip sauteer 66

Enkele Pan Toscaanse Kip 68

Kippen hoes 70

Kipfilet gevuld met spinazie en fetakaas 72

Rozemarijn Gebakken Kippenboutjes 74

Kip Met Uien, Aardappelen, Vijgen En Wortelen 75

Kipdöner met Tzatziki 77

Mousaka 79

Dijon en Gras Varkenshaasje 81

Biefstuk Met Champignonsaus Met Rode Wijn 83

Griekse Gehaktballen 86

Lamsvlees Met Struikbonen 88

Kip Met Tomaat-Balsamico Pannensaus 90

Bruine rijst, fetakaas, verse erwten en muntsalade 92

Volkoren Pita Brood Gevuld Met Olijven En Kikkererwten 94

Geroosterde wortelen met walnoten en cannellinibonen 96

Pittige Boter Kip 98

Dubbele Kaas Bacon Kip 100

Garnalen Citroen En Peper 102

Gepaneerde en Pittige Heilbot 104

Zalm Met Mosterd Curry 106

Zalm Met Walnoot-Rozemarijn Shell 107

Snelle tomatenspaghetti 109

Peper Tijm Gebakken Kaas 111

311. Krokante Italiaanse Kip 111

Quinoa Pizzamuffins 113

Rozemarijn-walnotenbrood 115

heerlijke krab panini 118

Uitstekende pizza en cake 120

Margherita mediterraan model 123

Draagbare verpakte picknickstukken 125

Frittata gevuld met heerlijke courgette en tomatensaus 126

Bananenbrood met zure room 128

Huisgemaakt pitabroodje 130

wafel broodjes 132

Mezze plaat met geroosterd Zaatar pitabroodje 134

Mini Kip Shoarma 136

aubergine pizza 138

Mediterrane volkorenpizza 140

Spinazie en Witte Pita Gebakken 141

Watermeloen Wit & Balsamico Pizza 143

Gemengde kruidenburgers 144

Prosciutto - Sla - Tomaat & Avocado Sandwiches 146

Spinazie Taart 148

Witte Kipburgers	150
Geroosterd varkensvlees voor taco's	152
Italiaanse Appel - Olijfoliecake	154
Snelle tilapia met rode ui en avocado	156
Gegrilde Vis Met Citroen	158
Weekavond Koekenpan Vis Diner	160
Krokante Polenta Vissticks	162
Pan-Zalm Diner	164
Toscaanse Tonijn en Courgette Burgers	166
Siciliaanse Kool en Tonijnkom	168
Mediterrane kabeljauwstoofpot	170
Gestoomde Mosselen in Witte Wijnsaus	172
Garnalen Sinaasappel en Knoflook	174
Geroosterde Garnalen-Gnocchi Gebakken	176
Pittige Garnalen Puttanesca	178
Italiaanse tonijnsandwiches	180
Dille Zalm Salade Wraps	182
Witte Oester Pizza Taart	184
Gebakken Bonen Vismeel	186
Champignon Kabeljauw Ovenschotel	187
pittige zwaardvis	189
ansjovis pasta rage	191
Garnalen Knoflook Pasta	192
Zalm Met Azijn Honing	194
Oranje Vismeel	195
Garnaal	196
Asperge Forel Maaltijd	197

Boerenkool Olijf Tonijn 199

Scherpe rozemarijngarnalen 201

asperges zalm 203

Tonijn en Hazelnoot Salade 204

Romige Garnalensoep 206

Pittige Zalm Met Quinoa Met Groenten 208

Appel Mosterd Forel 210

Garnalen Gnocchi 212

Garnalen Saganaki 214

Mediterrane zalm 216

zeevruchten linguine

Bereidingstijd: 10 minuten

Kooktijd: 35 minuten

Portie: 2

Moeilijkheidsgraad: moeilijk

Inhoud:

- 2 teentjes Knoflook, Gehakt
- 4 Ons Linguine, Volkoren
- 1 Eetlepel Olijfolie
- 14 Ons Tomaten, Ingeblikt en Gehakt
- 1/2 eetlepel sjalotjes, fijngehakt
- 1/4 kop witte wijn
- Zeezout en zwarte peper naar smaak
- 6 Kersensteenoesters, schoongemaakt
- 4 Ons Tilapia Gesneden in reepjes van 1 inch
- 4 ons droge sint-jakobsschelpen
- 1/8 kop Parmezaanse kaas, geraspt
- 1/2 Theelepel Marjolein, Gehakt en Vers

Instructies:

Breng het water in de pan aan de kook en kook de pasta gaar, dit duurt ongeveer acht minuten. Spoel je pasta af nadat je hem hebt afgegoten.

Verhit je olie met een grote koekenpan op middelhoog vuur, en als je olie heet is, roer je de knoflook en sjalotjes erdoor. Laat een minuut koken en roer regelmatig.

Verhoog het vuur tot middelhoog voordat u zout, wijn, peper en tomaten toevoegt en aan de kook brengt. Kook nog een minuut.

Voeg vervolgens je oesters toe, dek af en kook nog twee minuten.

Voeg dan je marjolein, coquilles en vis toe. Ga door met koken totdat de vis volledig gaar is en je mosselen opengaan, wat tot vijf minuten kan duren en verwijder de kokkels die niet opengaan.

Strooi voor het serveren Parmezaanse kaas en marjolein en giet de saus en oesters over de pasta. Heet opdienen.

Voeding (per 100g): 329 calorieën 12 g vet 10 g koolhydraten 33 g eiwit 836 mg natrium

Gember Garnalen En Tomaten Relish

Bereidingstijd: 10 minuten

Kooktijd: 15 minuten

Portie: 2

Moeilijkheidsgraad: moeilijk

Inhoud:

- 1 1/2 eetlepels plantaardige olie
- 1 teentje knoflook, fijngehakt
- 10 Garnalen, Extra Groot, Gepeld en Staartjes Open
- 3/4 eetlepel vingers, geraspt en geschild
- 1 groene tomaat, gehalveerd
- 2 pruimtomaten, gehalveerd
- 1 eetlepel citroensap, vers
- 1/2 Theelepel Suiker
- 1/2 eetlepel Jalapeno-zaden, vers en gehakt
- 1/2 eetlepel basilicum, vers en gehakt
- 1/2 eetlepel koriander, gehakt en vers
- 10 Spiesjes
- Zeezout en zwarte peper naar smaak

Instructies:

Week de spiesen minimaal een half uur in een pan met water.

Meng de knoflook en gember in een kom, doe de helft in een grotere kom en meng met twee eetlepels van je olie. Voeg de garnalen toe en zorg dat ze goed bedekt zijn.

Dek het af en laat het minimaal een half uur in de koelkast staan, en laat het dan afkoelen.

Verhit de grill op hoog vuur en vet de roosters licht in met olie. Breng in een kom je pruimen en groene tomaten op smaak met de resterende eetlepel olie, zout en peper.

Grill je tomaten met de snijkant naar boven, de schil moet geroosterd zijn. Het vruchtvlees van je tomaat moet zacht zijn, dit duurt ongeveer vier tot zes minuten voor een pruimtomaat en ongeveer tien minuten voor een groene tomaat.

Als de tomaten koel genoeg zijn om te hanteren, verwijder je de schil en gooi je de zaden weg. Hak de tomaten fijn, voeg ze toe aan de gereserveerde gember en knoflook. Voeg je suiker, jalapeno, citroensap en basilicum toe.

Spies de garnalen met zout en peper en gril ze tot ze ondoorzichtig zijn, ongeveer twee minuten aan elke kant. Leg de garnalen op een bord naar jouw smaak en eet smakelijk.

Voeding (per 100g): 391 calorieën 13 g vet 11 g koolhydraten 34 g eiwit 693 mg natrium

Garnalenpasta

Bereidingstijd: 10 minuten

Kooktijd: 10 minuten

Portie: 2

Moeilijkheidsgraad: gemiddeld

Inhoud:

- 2 kopjes Angel Hair Pasta, Gekookt
- 1/2 pond. Medium Garnalen, Gepeld
- 1 teentje knoflook, fijngehakt
- 1 Kopje Tomaten, Gehakt
- 1 Theelepel Olijfolie
- 1/6 kopje Kalamata-olijven, kern verwijderd en gehakt
- 1/8 kopje basilicum, vers en dun gesneden
- 1 eetlepel kappertjes, uitgelekt
- 1/8 kop fetakaas, verkruimeld
- Lijn zwarte peper

Instructies:

Kook je pasta volgens de aanwijzingen op de verpakking en verwarm vervolgens je olijfolie in een pan op middelhoog vuur. Bak je knoflook een halve minuut en voeg dan je garnalen toe. Bak nog een minuut.

Voeg je basilicum en tomaten toe en zet het vuur lager om drie minuten te laten sudderen. Je tomaten moeten zacht zijn.

Meng je olijven en kappertjes erdoor. Voeg een snufje zwarte peper toe en combineer je garnalenmengsel en pasta om te serveren. Strooi er kaas over voordat je het warm serveert.

Voeding (per 100g): 357 calorieën 11 g vet 9 g koolhydraten 30 g eiwit 871 mg natrium

Gekookte Kabeljauw

Bereidingstijd: 10 minuten

Kooktijd: 25 minuten

Portie: 2

Moeilijkheidsgraad: gemiddeld

Inhoud:

- 2 kabeljauwfilets, 6 ons
- Zeezout en zwarte peper naar smaak
- 1/4 kop droge witte wijn
- 1/4 kop zeevruchten
- 2 teentjes knoflook, fijngehakt
- 1 laurierblad
- 1/2 Theelepel Salie, Vers en Gehakt
- 2 takjes rozemarijn om te garneren

Instructies:

Begin door je oven op 375 te zetten en breng de filets op smaak met zout en peper. Leg ze op een bakplaat en voeg de bouillon, knoflook, wijn, salie en laurier toe. Dek goed af en kook twintig minuten. Je vis moet schilferig zijn als je hem met een vork test.

Gebruik een spatel om elke filet te verwijderen, zet de vloeistof op hoog vuur en kook tot de helft in. Dit duurt tien minuten en je moet het vaak roeren. Dien op door in het kookvocht te druppelen en te garneren met een takje rozemarijn.

Voeding (per 100g): 361 calorieën 10 g vet 9 g koolhydraten 34 g eiwit 783 mg natrium

Mosselen in witte wijn

Bereidingstijd: 5 minuten

Kooktijd: 10 minuten

Portie: 2

Moeilijkheidsgraad: moeilijk

Inhoud:

- 2 pond. Levende Mosselen, Vers
- 1 glas droge witte wijn
- 1/4 theelepel zeezout, fijn
- 3 teentjes knoflook, fijngehakt
- 2 Theelepels Sjalotjes, Gesnipperd
- 1/4 kopje peterselie, vers en gehakt, verdeeld
- 2 eetlepels olijfolie
- 1/4 Citroen, Sappig

Instructies:

Haal uit een zeef en spoel je mosselen af met koud water. Gooi alle mosselen weg die niet sluiten als ze worden geraakt en gebruik vervolgens een schilmesje om de baard van elke mossel te verwijderen.

Haal het uit de pan, zet het op middelhoog vuur en voeg de knoflook, sjalotten, wijn en peterselie toe. Breng het aan de kook. Als het begint te koken, voeg je je mosselen toe en zet je het vuur uit. Laat ze vijf tot zeven minuten sudderen. Zorg ervoor dat ze niet te gaar worden.

Verwijder ze met een schuimspaan en voeg je citroensap en olijfolie toe aan de pot. Meng goed en giet het water over je mosselen voordat je ze serveert met peterselie.

Voeding (per 100g): 345 calorieën 9 g vetten 18 g koolhydraten 37 g eiwit 693 mg natrium

dille zalm

Bereidingstijd: 10 minuten
Kooktijd: 15 minuten
Portie: 2
Moeilijkheidsgraad: gemiddeld

Inhoud:

- 2 zalmfilet, elk 6 ons
- 1 Eetlepel Olijfolie
- 1/2 Mandarijn, Sappig
- 2 theelepels sinaasappelschil
- 2 Eetlepels Dille, Vers en Gehakt
- Zeezout en zwarte peper naar smaak

Instructies:

Bereid de oven voor op 375 graden en verwijder vervolgens de twee stukken folie van tien inch. Wrijf elke filet aan beide kanten in met olijfolie en breng op smaak met zout en peper door elke filet op een stuk folie te leggen.

Besprenkel ze met sinaasappelsap en garneer ze met de sinaasappelschil en dille. Sluit je wrap en zorg ervoor dat er vijf centimeter lucht in de folie zit zodat je vis kan stomen, en leg hem dan op een bakplaat.

Bak een kwartier voordat u de pakketjes opent en op twee serveerschalen verdeelt. Giet de saus over elk voor het opdienen.

Voeding (per 100g): 366 calorieën 14 g vet 9 g koolhydraten 36 g eiwit 689 mg natrium

Gladde Zalm

Bereidingstijd: 8 minuten

Kooktijd: 8 minuten

Portie: 2

Moeilijkheidsgraad: Makkelijk

Inhoud:

- Zalm, 6 ons filets
- Citroen, 2 plakjes
- Kappertjes, 1 eetlepel
- Zeezout en peper, 1/8 theelepel
- Extra vierge olijfolie, 1 eetlepel

Instructies:

Zet een schone pan op middelhoog vuur om 3 minuten te bereiden. Doe de olijfolie op een bord en bedek de zalm er volledig mee. Bak de zalm in een pan op hoog vuur.

Vul de zalm met de rest van de ingrediënten en draai hem om zodat hij aan alle kanten gaar wordt. Merk op dat beide zijden bruin zijn. Het kan 3-5 minuten aan elke kant duren. Controleer of de zalm gaar is door hem met een vork te testen.

Serveer met partjes citroen.

Voeding (per 100g): 371 calorieën 25,1 g vet 0,9 g koolhydraten 33,7 g eiwit 782 mg natrium

tonijn melodie

Bereidingstijd: 20 minuten

Kooktijd: 20 minuten

Portie: 2

Moeilijkheidsgraad: Makkelijk

Inhoud:

- Tonijn, 12 ons
- Groene ui, voor garnering 1
- Paprika, ¼, gehakt
- Azijn, 1 scheutje
- Peper en zout naar smaak
- Avocado, 1, gehalveerd en ontpit
- Griekse yoghurt, 2 eetlepels

Instructies:

Meng tonijn met azijn, ui, yoghurt, avocado en peper in een kom.

Voeg de kruiden toe, meng en serveer met een garnituur van groene ui.

Voeding (per 100g): 294 calorieën 19 g vet 10 g koolhydraten 12 g eiwit 836 mg natrium

zee kaas

Bereidingstijd: 12 minuten

Kooktijd: 25 minuten

Portie: 2

Moeilijkheidsgraad: Makkelijk

Inhoud:

- Zalm, 6 ons filets
- Gedroogde basilicum, 1 eetlepel
- Kaas, 2 eetlepels, geraspt
- Tomaten, 1, in plakjes
- Extra vierge olijfolie, 1 eetlepel

Instructies:

Bereid een oven voor op 375 F. Leg de aluminiumfolie op een bakplaat en spuit er bakolie op. Leg de zalm voorzichtig op de bakplaat en garneer met de overige ingrediënten.

Laat de zalm 20 minuten bruin worden. Laat het vijf minuten afkoelen en stort het op een serveerschaal. In het midden zie je de bovenkant van de zalm.

Voeding (per 100g): 411 calorieën 26,6 g vet 1,6 g koolhydraten 8 g eiwit 822 mg natrium

Gezonde Biefstuk

Bereidingstijd: 10 minuten

Kooktijd: 20 minuten

Portie: 2

Moeilijkheidsgraad: Makkelijk

Inhoud:

- Olijfolie, 1 theelepel
- Heilbotsteak, 8 ons
- Knoflook, ½ theelepel, gehakt
- Boter, 1 eetlepel
- Peper en zout naar smaak

Instructies:

Verhit een pan en voeg de olie toe. Bak de steaks op middelhoog vuur in een pan, smelt de boter met knoflook, zout en peper. Voeg de steaks toe, gooi om te coaten en serveer.

Voeding (per 100g): 284 calorieën 17 g vet 0,2 g koolhydraten 8 g eiwit 755 mg natrium

kruiden zalm

Bereidingstijd: 8 minuten

Kooktijd: 18 minuten

Portie: 2

Moeilijkheidsgraad: Makkelijk

Inhoud:

- Zalm, zonder vel 2 filets
- grof zout naar smaak
- Extra vierge olijfolie, 1 eetlepel
- Citroen, 1, in plakjes
- Verse rozemarijn, 4 takjes

Instructies:

Verwarm de oven voor op 400F. Leg de aluminiumfolie op een bakplaat en leg de zalm erop. Vul de zalm met andere ingrediënten en kook gedurende 20 minuten. Serveer direct met partjes citroen.

Voeding (per 100g): 257 calorieën 18 g vet 2,7 g koolhydraten 7 g eiwit 836 mg natrium

Gerookte Geglazuurde Tonijn

Bereidingstijd: 35 minuten

Kooktijd: 10 minuten

Portie: 2

Moeilijkheidsgraad: Makkelijk

Inhoud:

- Tonijn, 4 ons steak
- Sinaasappelsap, 1 eetlepel
- Gehakte knoflook, ½ teentje
- Citroensap, ½ theelepel
- Verse peterselie, gehakt 1 eetlepel
- Sojasaus, 1 eetlepel
- Extra vierge olijfolie, 1 eetlepel
- Gemalen zwarte peper, ¼ theelepel
- Tijm, ¼ theelepel

Instructies:

Kies een mengkom en voeg alle ingrediënten behalve tonijn toe. Meng goed en voeg dan tonijn toe om te marineren. Bewaar dit mengsel een half uur in de koelkast. Verhit een grillpan en bak de tonijn aan elke kant 5 minuten. Serveer als ze gaar zijn.

Voeding (per 100g): 200 calorieën 7,9 g vet 0,3 g koolhydraten 10 g eiwit 734 mg natrium

knapperige heilbot

Bereidingstijd: 20 minuten
Kooktijd: 15 minuten
Portie: 2
Moeilijkheidsgraad: Makkelijk

Inhoud:

- peterselie erop
- Verse dille, 2 eetlepels gehakt
- Verse koriander, 2 eetlepels gehakt
- Olijfolie, 1 eetlepel
- Peper en zout naar smaak
- Heilbot, filet, 6 ons
- Citroenschil, ½ theelepel, fijn geraspt
- Griekse yoghurt, 2 eetlepels

Instructies:

Verwarm de oven voor op 400F. Bekleed een bakplaat met folie. Voeg alle ingrediënten toe aan een groot bord en marineer de filets. spoel en droog de filets; Schuif het dan in de oven en bak het 15 minuten.

Voeding (per 100g): 273 calorieën 7,2 g vet 0,4 g koolhydraten 9 g eiwit 783 mg natrium

Tonijn

Bereidingstijd: 15 minuten

Kooktijd: 10 minuten

Portie: 2

Moeilijkheidsgraad: Makkelijk

Inhoud:

- Ei, ½
- Ui, 1 eetlepel, fijngehakt
- Selderij erop
- Peper en zout naar smaak
- Knoflook, 1 teentje, fijngehakt
- Ingeblikte tonijn, 7 ons
- Griekse yoghurt, 2 eetlepels

Instructies:

Laat de tonijn uitlekken en voeg het ei en de yoghurt met knoflook, zout en peper toe.

Meng dit mengsel in een kom met uien en vorm er gehaktballen van. Neem een grote koekenpan en bak de gehaktballetjes 3 minuten per kant. Zeef en serveer.

Voeding (per 100g): 230 calorieën 13 g vet 0,8 g koolhydraten 10 g eiwit 866 mg natrium

Heet en vers visbiefstuk

Bereidingstijd: 14 minuten

Kooktijd: 14 minuten

Portie: 2

Moeilijkheidsgraad: Makkelijk

Inhoud:

- Knoflook, 1 teentje, fijngehakt
- Citroensap, 1 eetlepel
- Bruine suiker, 1 eetlepel
- Heilbotsteak, 1 pond
- Peper en zout naar smaak
- Sojasaus, ¼ theelepel
- Boter, 1 theelepel
- Griekse yoghurt, 2 eetlepels

Instructies:

Verwarm de grill voor op middelhoog vuur. Meng de boter, suiker, yoghurt, citroensap, sojasaus en kruiden in een kom. Verwarm het mengsel in een pan. Gebruik dit mengsel om op steaks te smeren tijdens het grillen. Heet opdienen.

Voeding (per 100g): 412 calorieën 19,4 g vet 7,6 g koolhydraten 11 g eiwit 788 mg natrium

Mosselen O' Marine

Bereidingstijd: 20 minuten

Kooktijd: 10 minuten

Portie: 2

Moeilijkheidsgraad: Makkelijk

Inhoud:

- Mosselen, schoongemaakt en baard verwijderd, 1 pond
- Kokosmelk, ½ kopje
- cayennepeper, 1 theelepel
- Vers citroensap, 1 eetlepel
- Knoflook, 1 theelepel, gehakt
- Koriander, vers gesneden voor topping
- Bruine suiker, 1 theelepel

Instructies:

Meng alle ingrediënten behalve de mosselen in een pan. Verwarm het mengsel en breng het aan de kook. Voeg de mosselen toe, kook 10 minuten. Serveer op een bord met kokende vloeistof.

Voeding (per 100g): 483 calorieën 24,4 g vet 21,6 g koolhydraten 1,2 g eiwit 499 mg natrium

Slow Cooker mediterraan rosbief

Bereidingstijd: 10 minuten

Kooktijd: 10 uur 10 minuten

Porties: 6

Moeilijkheidsgraad: gemiddeld

Inhoud:

- 3 pond Chuck Roast, zonder bot
- 2 theelepels Rozemarijn
- ½ kopje tomaten, zongedroogd en in stukjes gesneden
- 10 teentjes geraspte knoflook
- ½ kopje runderbouillon
- 2 eetlepels balsamicoazijn
- ¼ kopje gehakte Italiaanse peterselie, vers
- ¼ kopje gehakte olijven
- 1 theelepel citroenschil
- ¼ kopje kaasgriesmeel

Instructies:

Doe de knoflook, zongedroogde tomaten en het rundvlees in de slowcooker. Bouillon en rozemarijn toevoegen. Dek de pan af en kook langzaam gedurende 10 uur.

Haal na het koken het vlees eruit en versnipper het gehakt. Gooi de olie weg. Voeg het gehakt weer toe aan de slowcooker en laat 10 minuten garen. Meng in een kleine kom de citroenschil, peterselie en olijven. Zet het mengsel in de koelkast tot het klaar is om te serveren. Garneer met het gekoelde mengsel.

Serveer over pasta of eiernoedels. Vul met kaasgriesmeel.

Voeding (per 100g): 314 calorieën 19 g vet 1 g koolhydraten 32 g eiwit 778 mg natrium

Slow Cooker Mediterraans Rundvlees Met Artisjokken

voorbereidingstijd: 3 uur 20 minuten

Kooktijd: 7 uur 8 minuten

Porties: 6

Moeilijkheidsgraad: Makkelijk

Inhoud:

- 2 pond rundvlees voor stoofpot
- 14 ons artisjokharten
- 1 eetlepel druivenpitolie
- 1 gesnipperde ui
- 32 ons bouillon
- 4 teentjes knoflook, geraspt
- 14½ ons Tomaten uit blik, gehakt
- 15 ons tomatensaus
- 1 theelepel gedroogde tijm
- ½ kopje ontpitte, gehakte olijven
- 1 theelepel gedroogde peterselie
- 1 theelepel gedroogde tijm
- ½ theelepel gemalen komijn
- 1 theelepel gedroogde basilicum
- 1 laurierblad
- ½ theelepel Zout

Instructies:

Giet wat olie in een grote koekenpan met anti-aanbaklaag en verwarm tot middelhoog. Bak het rundvlees aan beide kanten bruin. Breng het rundvlees over naar een slowcooker.

Voeg bouillon, gehakte tomaten, tomatensaus, zout toe en meng. Schenk de bouillon, gehakte tomaten, tijm, olijven, basilicum, peterselie, laurier en komijn erbij. Combineer het mengsel grondig.

Schakel uit en kook op laag vuur gedurende 7 uur. Gooi het laurierblad weg bij het serveren. Heet opdienen.

Voeding (per 100g): 416 calorieën 5 g vet 14,1 g koolhydraten 29,9 g eiwit 811 mg natrium

Mager stoofvlees in mediterrane stijl uit de slowcooker

Bereidingstijd: 30 minuten
Bereidingstijd: 8 uur
Portie: 10
Moeilijkheidsgraad: moeilijk

Inhoud:

- 4 pond ronde geroosterde ogen
- 4 teentjes knoflook
- 2 theelepels Olijfolie
- 1 theelepel versgemalen zwarte peper
- 1 kop gesnipperde ui
- 4 Wortelen, gehakt
- 2 theelepels gedroogde rozemarijn
- 2 fijngehakte stengels bleekselderij
- 28 ounce kan geplette tomaten
- 1 kopje natriumarme bouillon
- 1 glas rode wijn
- 2 theelepels Zout

Instructies:

Kruid de rosbief met zout, knoflook en peper en zet apart. Giet olie in een koekenpan met antiaanbaklaag en verwarm tot middelhoog. Leg het vlees erin en bak het aan alle kanten bruin. Breng het rosbief nu over in een slowcooker van 6 liter. Voeg wortels, uien, rozemarijn en selderij toe aan de koekenpan. Blijf koken tot de uien en groenten zacht zijn.

Voeg de tomaten en wijn toe aan deze groentemix. Voeg het bouillon- en tomatenmengsel samen met het groentemengsel toe aan de slowcooker. Dek af en kook op laag vuur gedurende 8 uur.

Zodra het vlees gaar is, haal je het uit de slowcooker en leg je het op een snijplank en wikkel je het in aluminiumfolie. Om de saus te verdikken, brengt u deze over in een pan en laat u deze op laag vuur sudderen tot de gewenste consistentie is bereikt. Gooi vet weg voor het opdienen.

Voeding (per 100g): 260 calorieën 6 g vet 8,7 g koolhydraten 37,6 g eiwit 588 mg natrium

Gehaktballetjes uit de slowcooker

Bereidingstijd: 10 minuten

Kooktijd: 6 uur 10 minuten

Portie: 8

Moeilijkheidsgraad: gemiddeld

Inhoud:

- 2 pond gemalen bizons
- 1 geraspte courgette
- 2 grote eieren
- Olijfolie kookspray indien nodig
- 1 Courgette, in stukjes
- ½ kopje peterselie, vers, fijngehakt
- ½ kopje geraspte Parmezaanse kaas
- 3 eetlepels balsamicoazijn
- 4 teentjes knoflook, geraspt
- 2 eetlepels gehakte uien
- 1 eetlepel gedroogde tijm
- ½ theelepel gemalen zwarte peper
- ½ theelepel koosjer zout
- Voor de topping:
- ¼ kopje geraspte mozzarellakaas
- ¼ kopje Ketchup zonder suiker
- ¼ kopje vers gehakte peterselie

Instructies:

Bekleed de binnenkant van een slowcooker van zes liter met aluminiumfolie. Spuit er anti-aanbakolie op.

Meng in een grote kom gemalen bizons of extra magere entrecote, courgette, eieren, peterselie, balsamicoazijn, knoflook, gedroogde tijm, zee- of koosjer zout, gehakte gedroogde ui en gemalen zwarte peper.

Doe dit mengsel in de slowcooker en vorm een rechthoekig brood. Sluit het deksel van de kachel, kook op laag vuur gedurende 6 uur. Zet na het koken het fornuis aan en verdeel de ketchup over de gehaktballen.

Leg nu een nieuwe laag kaas op de ketchup en zet de slowcooker uit. Laat de gehaktballetjes ongeveer 10 minuten op deze twee lagen zitten, of tot de kaas begint te smelten. Garneer met verse peterselie en geraspte Mozzarella kaas.

Voeding (per 100g): 320 calorieën 2 g vet 4 g koolhydraten 26 g eiwit 681 mg natrium

Slowcooker Mediterrane Beef Hoagies

Bereidingstijd: 10 minuten

Kooktijd: 13 uur

Porties: 6

Moeilijkheidsgraad: gemiddeld

Inhoud:

- 3 pond Rundvlees rondgebraad mager
- ½ theelepel uienpoeder
- ½ theelepel zwarte peper
- 3 kopjes natriumarme bouillon
- 4 theelepels saladedressingmix
- 1 laurierblad
- 1 eetlepel Knoflook, fijngehakt
- 2 rode paprika's, in dunne reepjes gesneden
- 16 ons Pepperoncino
- 8 plakjes Sargento Provolone, dun
- 2 ons glutenvrij brood
- ½ theelepel zout
- <u>Voor het seizoen:</u>
- 1½ eetlepel Uienpoeder
- 1½ eetlepel Knoflookpoeder
- 2 eetlepels gedroogde peterselie
- 1 eetlepel stevia
- ½ theelepel gedroogde tijm

- 1 eetlepel gedroogde tijm
- 2 eetlepels zwarte peper
- 1 eetlepel Zout
- 6 plakjes kaas

Instructies:

Droog het gebraad af met keukenpapier. Combineer de zwarte peper, uienpoeder en zout in een kleine kom en borstel het mengsel over het gebraad. Doe het gekruide gebraad in een slowcooker.

Voeg bouillon, saladedressingmix, laurier en knoflook toe aan de slowcooker. Combineer voorzichtig. Schakel uit en zet 12 uur op low cook. Verwijder na het koken het laurierblad.

Verwijder het gekookte rundvlees en versnipper het kalfsvlees. Leg het gehakt terug en voeg de paprika toe. Voeg de paprika en pepperoncino toe aan de slowcooker. Zet het fornuis uit en kook op laag vuur gedurende 1 uur. Bedek voor het serveren elk van de tortilla's met 3 ons van het vleesmengsel. Maak het af met een plakje kaas. Vloeibare saus kan als dip gebruikt worden.

Voeding (per 100g): 442 calorieën 11,5 g vet 37 g koolhydraten 49 g eiwit 735 mg natrium

Mediterraans gebraden varkensvlees

Bereidingstijd: 10 minuten

Kooktijd: 8 uur 10 minuten

Porties: 6

Moeilijkheidsgraad: gemiddeld

Inhoud:

- 2 eetlepels Olijfolie
- 2 pond varkensgebraad
- ½ theelepel paprikapoeder
- ½ kopje kippenbouillon
- 2 theelepels gedroogde salie
- ½ eetlepel gehakte Knoflook
- ¼ theelepel gedroogde marjolein
- ¼ theelepel gedroogde rozemarijn
- 1 theelepel tijm
- ¼ theelepel gedroogde tijm
- 1 theelepel basilicum
- ¼ theelepel koosjer zout

Instructies:

Meng in een kleine kom de bouillon, olie, zout en kruiden. Giet olijfolie in een koekenpan en verwarm tot middelhoog. Leg het varkensvlees erin en bak het aan alle kanten bruin.

Eenmaal gaar, verwijder het vlees en prik met een mes overal in het gebraad. Leg het gepofte varkensgebraad in een braadpan van 6 liter. Giet nu de kleine kommixvloeistof over het gebraad.

Bedek de crockpot en kook op laag gedurende 8 uur. Haal het na het koken uit de braadpan en leg het op een snijplank en snijd het in stukjes. Voeg vervolgens het geraspte varkensvlees toe aan de crockpot. Kook nog 10 minuten. Serveer met fetakaas, pita en tomaten.

Voeding (per 100g): 361 calorieën 10,4 g vet 0,7 g koolhydraten 43,8 g eiwit 980 mg natrium

vleespizza

Bereidingstijd: 20 minuten

Kooktijd: 50 minuten

Portie: 10

Moeilijkheidsgraad: moeilijk

Inhoud:

- Voor de schil:
- 3 kopjes bloem voor alle doeleinden
- 1 eetlepel suiker
- 2¼ theelepel actieve droge gist
- 1 theelepel zout
- 2 eetlepels olijfolie
- 1 kopje warm water
- Voor het bovenstaande:
- 1 kilo rundergehakt
- 1 middelgrote ui, gehakt
- 2 eetlepels tomatenpuree
- 1 eetlepel gemalen komijn
- Zout en peper op verzoek
- ¼ kopje water
- 1 kopje verse spinazie, gehakt
- 8 ons artisjokharten, in vieren gedeeld
- 4 ons verse champignons, in plakjes

- 2 tomaten, in stukjes
- 4 ons fetakaas, verkruimeld

Instructies:

Voor de schil:

Meng de bloem, suiker, gist en zout met een keukenmixer met behulp van de deeghaak. Voeg 2 eetlepels olie en warm water toe en kneed tot een glad en elastisch deeg.

Maak een bal van het deeg en laat dit ongeveer 15 minuten rusten.

Leg het deeg op een licht met bloem bestoven oppervlak en rol het uit tot een cirkel. Leg het deeg op een licht ingevette ronde pizzaplaat en druk voorzichtig aan zodat het past. Laat het ongeveer 10-15 minuten zitten. Smeer de korst in met wat olie. Verwarm de oven voor op 400 graden F.

Voor het bovenstaande:

Braad het rundvlees ongeveer 4-5 minuten in een koekenpan met anti-aanbaklaag op middelhoog vuur. Roer de ui erdoor en bak ongeveer 5 minuten, onder regelmatig roeren. Voeg tomatenpuree, komijn, zout, peper en water toe en meng.

Zet het vuur op middelhoog en kook ongeveer 5-10 minuten. Haal van het vuur en zet opzij. Leg het rundvleesmengsel op de pizzabodem en bedek met de spinazie, gevolgd door de artisjokken, champignons, tomaten en feta.

Kook tot de kaas smelt. Haal uit de oven en laat ongeveer 3-5 minuten staan voordat je hem aansnijdt. Snijd in plakjes van de gewenste grootte en serveer.

Voeding (per 100g): 309 calorieën 8,7 g vet 3,7 g koolhydraten 3,3 g eiwit 732 mg natrium

Rundvlees Bulgur Gehaktballetjes

Bereidingstijd: 20 minuten

Kooktijd: 28 minuten

Porties: 6

Moeilijkheidsgraad: gemiddeld

Inhoud:

- ½ kopje ongekookte bulgur
- 1 kilo rundergehakt
- ¼ kopje sjalotten, gehakt
- ¼ kopje verse peterselie, gehakt
- ½ theelepel gemalen piment
- ½ theelepel gemalen komijn
- ½ theelepel gemalen kaneel
- ¼ theelepel rode pepervlokken, geplet
- zout, naar behoefte
- 1 eetlepel olijfolie

Instructies:

Week de bulgur ongeveer 30 minuten in koud water in een grote kom. Nadat je de bulgur goed hebt laten uitlekken, knijp je het overtollige water eruit door er met je hand in te knijpen. Voeg in een keukenmachine bulgur, rundvlees, sjalotten, peterselie, kruiden, zout en peulvruchten toe tot een glad mengsel ontstaat.

Doe het mengsel in een kom en laat het ongeveer 30 minuten in de koelkast staan. Haal uit de koelkast en maak balletjes van gelijke grootte van het rundvleesmengsel. Verhit de olie in een grote koekenpan met anti-aanbaklaag op middelhoog vuur en bak de pasteitjes in 2 porties gedurende ongeveer 13-14 minuten, waarbij u ze regelmatig keert. Heet opdienen.

Voeding (per 100g): 228 calorieën 7,4 g vet 0,1 g koolhydraten 3,5 g eiwit 766 mg natrium

heerlijk rundvlees en broccoli

Bereidingstijd: 10 minuten

Kooktijd: 15 minuten

Portie: 4

Moeilijkheidsgraad: Makkelijk

Inhoud:

- 1 en ½ pond. flank steak
- 1 eetlepel. olijfolie
- 1 eetlepel. tamari-saus
- 1 kopje runderbouillon
- 1 pond broccoli, roosjes gescheiden

Instructies:

Combineer de biefstukreepjes met de olie en tamari, meng en laat 10 minuten staan. Selecteer uw kant-en-klare pan in sauteermodus, plaats de kalfsreepjes en bak 4 minuten aan elke kant. Roer de bouillon erdoor, dek de pan weer af en kook 8 minuten op hoog vuur. Roer de broccoli erdoor, dek af en kook nog 4 minuten op hoog vuur. Verdeel alles over de borden en serveer. Genieten!

Voeding (per 100g): 312 calorieën 5 g vet 20 g koolhydraten 4 g eiwit 694 mg natrium

Rundvlees Maïs Peper

Bereidingstijd: 8-10 minuten

Kooktijd: 30 minuten

Portie: 8

Moeilijkheidsgraad: gemiddeld

Inhoud:

- 2 kleine uien, gehakt (fijn)
- ¼ kopje ingeblikte maïs
- 1 eetlepel olie
- 10 ons mager rundergehakt
- 2 kleine gesneden paprika's

Instructies:

Open de pot onmiddellijk. Klik op de optie "SAUTEREN". Giet de olie erbij en meng de uien, hete peper en het rundvlees; Kook tot doorschijnend en zacht. Giet 3 glazen water in de Pot; Meng goed.

Sluit het deksel. Selecteer "MAT/Gegoten". Zet de timer op 20 minuten. Laat het koken totdat de timer weer op nul staat.

Klik op "ANNULEREN" en vervolgens op "NPR" voor een natuurlijke ontlastingsdruk gedurende ongeveer 8-10 minuten. Na opening het bord op de serveerschalen leggen. Dienst.

Voeding (per 100g): 94 calorieën 5 g vet 2 g koolhydraten 7 g eiwit 477 mg natrium

Balsamico Kalfsvlees Maaltijd

Bereidingstijd: 5 minuten
Kooktijd: 55 minuten
Portie: 8
Moeilijkheidsgraad: gemiddeld

Inhoud:

- 3 pond gebraden
- 3 teentjes knoflook, in dunne plakjes gesneden
- 1 eetlepel olie
- 1 theelepel gearomatiseerde azijn
- ½ theelepel peper
- ½ theelepel rozemarijn
- 1 eetlepel boter
- ½ theelepel tijm
- ¼ kopje balsamicoazijn
- 1 kopje runderbouillon

Instructies:

Snijd de sleuven in het braadstuk en vul alle kanten met de knoflookplakken. Combineer gearomatiseerde azijn, rozemarijn, peper, tijm en borstel het mengsel over het gebraad. Selecteer de pan in sauteermodus en roer de olie erdoor, wacht tot de olie is opgewarmd. Bak beide kanten van het gebraad.

Haal het eruit en leg het opzij. Meng de boter, bouillon, balsamicoazijn en poets de pan op. Leg het gebraad terug en sluit het deksel, en kook dan 40 minuten onder HOGE druk.

Voer een snelle release uit. Dienst!

Voeding (per 100g): 393 calorieën 15 g vet 25 g koolhydraten 37 g eiwit 870 mg natrium

Rosbief Met Sojasaus

Bereidingstijd: 8 minuten
Kooktijd: 35 minuten
Portie: 2-3
Moeilijkheidsgraad: gemiddeld

Inhoud:

- ½ theelepel runderbouillon
- 1 ½ theelepel rozemarijn
- ½ theelepel gehakte knoflook
- 2 kilo rundvlees
- 1/3 kopje sojasaus

Instructies:

Combineer sojasaus, bouillon, rozemarijn en knoflook in een mengkom.

Open je kant en klare pot. Plaats het gebraad en giet voldoende water om het gebraad te bedekken; Roer voorzichtig om goed te mengen. Sluit het stevig.

Klik op de kookfunctie "MET/CONFIDENCE"; stel het drukniveau in op "HOOG" en stel de kooktijd in op 35 minuten. Laten we druk opbouwen om de ingrediënten te koken. Als u klaar bent, klikt u op de instelling "ANNULEREN" en vervolgens op de kookfunctie "NPR" om de druk op natuurlijke wijze te laten ontsnappen.

Open langzaam het deksel en versnipper het vlees. Roer het gehakt weer door de potmix en meng goed. Breng over naar serveercontainers. Heet opdienen.

Voeding (per 100g): 423 calorieën 14 g vet 12 g koolhydraten 21 g eiwit 884 mg natrium

Rosbief Met Rozemarijn

Bereidingstijd: 5 minuten

Kooktijd: 45 minuten

Portie : 5-6

Moeilijkheidsgraad: gemiddeld

Inhoud:

- 3 kilo rosbief
- 3 teentjes knoflook
- ¼ kopje balsamicoazijn
- 1 takje verse rozemarijn
- 1 takje verse tijm
- 1 glas water
- 1 eetlepel plantaardige olie
- Peper en zout naar smaak

Instructies:

Snijd in de rosbief de plakjes en doe de knoflookteentjes erin. Wrijf het gebraad in met kruiden, peper en zout. Verwarm je kant-en-klare pan voor met behulp van de bakstand en giet de olie erin. Roer als het warm is het rosbief erdoor en bak het aan alle kanten bruin. Voeg resterende ingrediënten toe; meng voorzichtig.

Dek goed af en kook op hoog vuur gedurende 40 minuten met behulp van de handmatige instelling. Laat de druk op natuurlijke wijze ontsnappen, ongeveer 10 minuten. Leg het vlees op serveerschalen, bak, snijd en serveer.

Voeding (per 100g): 542 calorieën 11,2 g vet 8,7 g koolhydraten 55,2 g eiwit 710 mg natrium

Varkenskarbonades en Tomatensaus

Bereidingstijd: 10 minuten

Kooktijd: 20 minuten

Portie: 4

Moeilijkheidsgraad: Makkelijk

Inhoud:

- 4 karbonades, zonder bot
- 1 eetlepel sojasaus
- ¼ theelepel sesamolie
- 1 en ½ kopje tomatenpuree
- 1 gele ui
- 8 champignons, in plakjes

Instructies:

Meng de karbonades in een kom met sojasaus en sesamolie, gooi ze weg en zet 10 minuten opzij. Zet je kant-en-klare pan in sauteermodus, voeg de karbonades toe en bak ze 5 minuten aan elke kant. Voeg de ui toe en bak nog 1-2 minuten. Voeg de tomatenpuree en champignons toe, meng, dek af en kook op hoog vuur gedurende 8-9 minuten. Verdeel alles over borden en serveer. Genieten!

Voeding (per 100g): 300 calorieën 7 g vet 18 g koolhydraten 4 g eiwit 801 mg natrium

Kip Met Kappertjessaus

Bereidingstijd: 10 minuten

Kooktijd: 18 minuten

Portie: 5

Moeilijkheidsgraad: moeilijk

Inhoud:

- Voor de kip:
- 2 eieren
- Zout en peper op verzoek
- 1 kopje droge broodkruimels
- 2 eetlepels olijfolie
- ½ pond kippenborst zonder vel, zonder been, ¾-inch dik gestampt en in stukjes gesneden
- Voor de kappertjessaus:
- 3 eetlepels kappertjes
- ½ kopje droge witte wijn
- 3 eetlepels vers citroensap
- Zout en peper op verzoek
- 2 eetlepels verse peterselie, gehakt

Instructies:

Voor de kip: voeg in een diepe kom de eieren, zout en peper toe en klop tot alles goed gemengd is. Leg de paneermeel in een andere ondiepe schaal. Doop de stukken kip in het eimengsel en bedek ze vervolgens gelijkmatig met het paneermeel. Schud overtollig paneermeel eraf.

Verhit de olie op middelhoog vuur en bak de stukjes kip ongeveer 5-7 minuten aan elke kant of tot ze de gewenste dikte hebben. Leg de stukjes kip met een schuimspaan op een met keukenpapier beklede plaat. Bedek de stukken kip met een stuk folie om ze warm te houden.

Voeg alle sausingrediënten behalve peterselie toe aan dezelfde pan en kook ongeveer 2-3 minuten onder voortdurend roeren. Roer de peterselie erdoor en haal van het vuur. Serveer stukjes kip gegarneerd met kappertjessaus.

Voeding (per 100g): 352 calorieën 13,5 g vet 1,9 g koolhydraten 1,2 g eiwit 741 mg natrium

Kalkoenburger Met Mango Salsa

Bereidingstijd: 15 minuten

Kooktijd: 10 minuten

Porties: 6

Moeilijkheidsgraad: Makkelijk

Inhoud:

- 1½ pond gemalen kalkoenfilet
- 1 theelepel zeezout, verdeeld
- ¼ theelepel versgemalen zwarte peper
- 2 eetlepels extra vergine olijfolie
- 2 mango's, geschild, ontpit en in blokjes
- ½ rode ui, fijngehakt
- Sap van 1 limoen
- 1 teentje knoflook, fijngehakt
- ½ jalapenopeper, zaad verwijderd en fijngehakt
- 2 eetlepels gehakte verse korianderblaadjes

Instructies:

Vorm 4 burgers van de kalkoenfilet en breng op smaak met ½ theelepel zeezout en peper. Kook olijfolie in een pan met antiaanbaklaag tot het glinstert. Voeg de kalkoengehaktballetjes toe en bak ze ongeveer 5 minuten aan elke kant, tot ze goudbruin zijn. Terwijl de gehaktballen koken, meng je de mango, rode ui, citroensap, knoflook, jalapeno, koriander en de resterende ½ theelepel zeezout in een kleine kom. Besprenkel de salsa over de kalkoengehaktballetjes en serveer.

Voeding (per 100g): 384 calorieën 3 g vet 27 g koolhydraten 34 g eiwit 692 mg natrium

Gekruide Kalkoenfilet

Bereidingstijd: 15 minuten

Kooktijd: 1½ uur (plus 20 minuten rust)

Porties: 6

Moeilijkheidsgraad: gemiddeld

Inhoud:

- 2 eetlepels extra vergine olijfolie
- 4 teentjes knoflook, fijngehakt
- schil van 1 citroen en
- 1 eetlepel gehakte verse tijmblaadjes
- 1 eetlepel gehakte verse rozemarijnblaadjes
- 2 eetlepels gehakte verse Italiaanse peterselieblaadjes
- 1 theelepel gemalen mosterd
- 1 theelepel zeezout
- ¼ theelepel versgemalen zwarte peper
- 1 (6 pond) kalkoenfilet zonder vel zonder vel
- 1 glas droge witte wijn

Instructies:

Verwarm de oven voor op 325 ° F. Combineer olijfolie, knoflook, citroenschil, tijm, rozemarijn, peterselie, mosterd, zeezout en peper. Borstel het kruidenmengsel gelijkmatig over het oppervlak van de kalkoenborst en maak de huid los en wrijf ook over de bodem. Leg de kalkoenborst met de huid naar boven op een rek in een braadpan.

Giet de wijn in de pan. Rooster de kalkoen gedurende 1 tot 1½ uur, totdat hij een interne temperatuur van 165 graden F heeft bereikt. Haal uit de oven en zet apart in een tent met aluminiumfolie gedurende 20 minuten om warm te blijven voordat je gaat snijden.

Voeding (per 100g): 392 calorieën 1 g vet 2 g koolhydraten 84 g eiwit 741 mg natrium

Kippenworst En Paprika

Bereidingstijd: 10 minuten

Kooktijd: 20 minuten

Porties: 6

Moeilijkheidsgraad: gemiddeld

Inhoud:

- 2 eetlepels extra vergine olijfolie
- 6 Italiaanse kippenworst links
- 1 ui
- 1 rode paprika
- 1 groene paprika
- 3 teentjes knoflook, fijngehakt
- ½ kopje droge witte wijn
- ½ theelepel zeezout
- ¼ theelepel versgemalen zwarte peper
- Een snufje rode pepervlokken

Instructies:

Kook olijfolie in een grote koekenpan tot het glinstert. Voeg de worsten toe en kook, af en toe draaiend, tot ze goudbruin zijn, 5 tot 7 minuten, en tot ze een interne temperatuur van 165°F hebben bereikt. Haal de worstjes met een tang uit de pan en leg ze op een bord bekleed met aluminiumfolie om ze warm te houden.

Zet de pan terug op het vuur en meng met de ui, rode paprika en groene paprika. Kook en roer af en toe tot de groenten bruin beginnen te worden. Doe de knoflook en kook gedurende 30 seconden, onder voortdurend roeren.

Roer de wijn, zeezout, zwarte peper en paprika erdoor. Trek eventuele bruine stukjes uit de bodem van de pan en vouw ze naar binnen. Laat nog ongeveer 4 minuten koken, al roerend, tot de vloeistof met de helft is verminderd. Verdeel de paprika's over de worstjes en serveer.

Voeding (per 100g): 173 calorieën 1 g vet 6 g koolhydraten 22 g eiwit 582 mg natrium

kip sauteer

Bereidingstijd: 10 minuten

Kooktijd: 15 minuten

Porties: 6

Moeilijkheidsgraad: gemiddeld

Inhoud:

- ½ kopje volkoren meel
- ½ theelepel zeezout
- 1/8 theelepel versgemalen zwarte peper
- 1½ pond kipfilet, in 6 stukken gesneden
- 3 eetlepels extra vergine olijfolie
- 1 kop ongezouten kippenbouillon
- ½ kopje droge witte wijn
- sap van 1 citroen
- schil van 1 citroen en
- ¼ kopje kappertjes, uitgelekt en afgespoeld
- ¼ kopje gehakte verse peterselieblaadjes

Instructies:

Klop in een ondiepe schaal de bloem, zeezout en peper door elkaar. Wrijf de kip in met bloem en gooi het overtollige weg. Kook de olijfolie totdat deze roze kleurt.

Voeg de kip toe en bak in ongeveer 4 minuten aan elke kant goudbruin. Haal de kip uit de pan en zet apart in een tent met aluminiumfolie om warm te blijven.

Zet de pan terug op het vuur en roer de bouillon, wijn, citroensap, citroenschil en kappertjes erdoor. Gebruik de rand van een pollepel en vouw de gebruinde stukjes van de bodem van de pan naar binnen. Kook tot de vloeistof dikker wordt. Haal de pan van het vuur en doe de kip terug in de pan. Maak er een jas van. Roer de peterselie erdoor en serveer.

Voeding (per 100g): 153 calorieën 2 g vet 9 g koolhydraten 8 g eiwit 692 mg natrium

Enkele Pan Toscaanse Kip

Bereidingstijd: 10 minuten

Kooktijd: 25 minuten

Porties: 6

Moeilijkheidsgraad: moeilijk

Inhoud:

- ¼ kopje extra vierge olijfolie, verdeeld
- 1 pond kippenborst zonder botten, zonder vel, in stukjes van ¾ inch gesneden
- 1 ui, gesnipperd
- 1 rode paprika, fijngesneden
- 3 teentjes knoflook, fijngehakt
- ½ kopje droge witte wijn
- 1 (14 ounce) tomatenpuree, ongedraineerd
- 1 (14 ounce) blik tomatenblokjes, uitgelekt
- 1 (14 ounce) blik witte bonen, uitgelekt
- 1 eetlepel gedroogde Italiaanse kruiden
- ½ theelepel zeezout
- 1/8 theelepel versgemalen zwarte peper
- 1/8 theelepel rode pepervlokken
- ¼ kopje gehakte verse basilicumblaadjes

Instructies:

Kook 2 eetlepels olijfolie tot ze goudbruin zijn. Roer de kip en kook tot hij kleurt. Haal de kip uit de pan en leg op een bord bekleed met aluminiumfolie om warm te houden.

Zet de pan terug op het vuur en verwarm de resterende olijfolie. Voeg de ui en rode paprika toe. Kook en roer af en toe tot de groenten gaar zijn. Doe de knoflook en kook gedurende 30 seconden, onder voortdurend roeren.

Roer de wijn en gebruik de rand van de lepel om de gebruinde stukjes van de bodem van de pan te verwijderen. Kook gedurende 1 minuut, al roerend.

Roer de geplette en in blokjes gesneden tomaten, witte bonen, Italiaanse kruiden, zeezout, zwarte peper en paprikavlokken erdoor. Laat het koken. Laat 5 minuten koken, af en toe roeren.

Doe de kip en alle opgevangen sappen terug in de pan. Kook tot de kip goed gaar is. Haal van het vuur en roer de basilicum erdoor voor het opdienen.

Voeding (per 100g): 271 calorieën 8 g vet 29 g koolhydraten 14 g eiwit 596 mg natrium

Kippen hoes

Bereidingstijd: 10 minuten

Kooktijd: 2 uur

Portie: 4

Moeilijkheidsgraad: gemiddeld

Inhoud:

- 1 (32 ounce) blik tomatenblokjes, uitgelekt
- ¼ kopje droge witte wijn
- 2 eetlepels tomatenpuree
- 3 eetlepels extra vergine olijfolie
- ¼ theelepel rode pepervlokken
- 1 theelepel gemalen piment
- ½ theelepel gedroogde tijm
- 2 hele teentjes
- 1 kaneelstokje
- ½ theelepel zeezout
- 1/8 theelepel versgemalen zwarte peper
- 4 kipfilethelften zonder bot en zonder vel

Instructies:

Combineer tomaten, wijn, tomatenpuree, olijfolie, rode pepervlokken, piment, tijm, kruidnagel, kaneelstokje, zeezout en peper in een grote pan. Breng aan de kook, af en toe roerend. Laat het 30 minuten sudderen, af en toe roeren. Haal alle kruidnagels en kaneelstokjes uit de saus en gooi ze weg en laat de saus afkoelen.

Verwarm de oven voor op 350 ° F. Plaats de kip in een 9-bij-13-inch bakplaat. Giet de saus over de kip en dek de pan af met aluminiumfolie. Ga door met koken totdat het een interne temperatuur van 165 F heeft bereikt.

Voeding (per 100g): 220 calorieën 3 g vet 11 g koolhydraten 8 g eiwit 923 mg natrium

Kipfilet gevuld met spinazie en fetakaas

Bereidingstijd: 10 minuten

Kooktijd: 45 minuten

Portie: 4

Moeilijkheidsgraad: gemiddeld

Inhoud:

- 2 eetlepels extra vergine olijfolie
- 1 pond verse babyspinazie
- 3 teentjes knoflook, fijngehakt
- schil van 1 citroen en
- ½ theelepel zeezout
- 1/8 theelepel versgemalen zwarte peper
- ½ kopje verkruimelde fetakaas
- 4 kippenborsten zonder bot, zonder vel

Instructies:

Verwarm de oven voor op 350 ° F. Kook de olijfolie op middelhoog vuur tot het al het water heeft opgenomen. Voeg de spinazie toe. Blijf koken en roeren tot het geslonken is.

Voeg de knoflook, citroenrasp, zeezout en peper toe en meng. Kook gedurende 30 seconden, onder voortdurend roeren. Iets afkoelen en mengen met kaas.

Verdeel het mengsel van spinazie en kaas in een gelijkmatige laag over de stukken kip en rol de borst rond de vulling. Houd het gesloten met tandenstokers of slagerstouw. Plaats de borsten op een bakplaat van 9 bij 13 inch en bak gedurende 30 tot 40 minuten, of tot de interne temperatuur van de kip 165 ° F is. Haal uit de oven en laat 5 minuten staan voordat je hem aansnijdt en serveert.

Voeding (per 100g):263 calorieën 3 g vet 7 g koolhydraten 17 g eiwit 639 mg natrium

Rozemarijn Gebakken Kippenboutjes

Bereidingstijd: 5 minuten

Kooktijd: 1 uur

Porties: 6

Moeilijkheidsgraad: Makkelijk

Inhoud:

- 2 eetlepels gehakte verse rozemarijnblaadjes
- 1 theelepel knoflookpoeder
- ½ theelepel zeezout
- 1/8 theelepel versgemalen zwarte peper
- schil van 1 citroen en
- 12 kippenpoten

Instructies:

Verwarm de oven voor op 350 ° F. Roer de rozemarijn, knoflookpoeder, zeezout, zwarte peper en citroenrasp erdoor.

Leg de baguettes op een bakplaat van 9 bij 13 inch en besprenkel met het rozemarijnmengsel. Kook tot de kip een interne temperatuur van 165°F bereikt.

Voeding (per 100g): 163 calorieën 1 g vet 2 g koolhydraten 26 g eiwit 633 mg natrium

Kip Met Uien, Aardappelen, Vijgen En Wortelen

Bereidingstijd: 5 minuten
Kooktijd: 45 minuten
Portie: 4
Moeilijkheidsgraad: gemiddeld

Inhoud:

- 2 kopjes Franse frietjes, gehalveerd
- 4 verse vijgen, in vieren gesneden
- 2 wortels, julienned
- 2 eetlepels extra vergine olijfolie
- 1 theelepel zeezout, verdeeld
- ¼ theelepel versgemalen zwarte peper
- 4 kippenpoten
- 2 eetlepels gehakte verse peterselieblaadjes

Instructies:

Verwarm de oven voor op 425 ° F. Meng in een kleine kom aardappelen, vijgen en wortelen met olijfolie, ½ theelepel zeezout en peper. Verspreid op een bakplaat van 9 bij 13 inch.

Kruid de kip met het resterende zeezout. Leg bovenop groenten. Kook tot de groenten zacht zijn en de kip een interne temperatuur van 165°F bereikt. Bestrooi met peterselie en serveer.

Voeding (per 100g): 429 calorieën 4 g vet 27 g koolhydraten 52 g eiwit 581 mg natrium

Kipdöner met Tzatziki

Bereidingstijd: 15 minuten

Kooktijd: 1 uur 20 minuten

Porties: 6

Moeilijkheidsgraad: gemiddeld

Inhoud:

- 1 kilo kipfilet
- 1 ui, geraspt, overtollig sap eruit geperst
- 2 eetlepels gedroogde rozemarijn
- 1 eetlepel gedroogde marjolein
- 6 teentjes knoflook, fijngehakt
- ½ theelepel zeezout
- ¼ theelepel versgemalen zwarte peper
- Cacik-saus

Instructies:

Verwarm de oven voor op 350 ° F. Mix de kip, ui, rozemarijn, marjolein, knoflook, zeezout en peper in een keukenmachine. Mix tot het mengsel een pasta vormt. U kunt deze ingrediënten ook in een kom mixen tot ze goed gecombineerd zijn (zie bereidingstip).

Druk het mengsel in een broodvorm. Bak totdat het een interne temperatuur van 165 graden bereikt. Haal uit de oven en laat 20 minuten rusten voordat je hem aansnijdt.

Snijd de gyros in plakjes en schep de tzatzikisaus erover.

Voeding (per 100g): 289 calorieën 1 g vet 20 g koolhydraten 50 g eiwit 622 mg natrium

Mousaka

Bereidingstijd: 10 minuten

Kooktijd: 45 minuten

Portie: 8

Moeilijkheidsgraad: moeilijk

Inhoud:

- 5 eetlepels extra vierge olijfolie, verdeeld
- 1 aubergine, in plakjes (ongeschild)
- 1 ui, gesnipperd
- 1 groene paprika, klokhuis verwijderd en fijngehakt
- 1 pond gemalen kalkoen
- 3 teentjes knoflook, fijngehakt
- 2 eetlepels tomatenpuree
- 1 (14 ounce) blik tomatenblokjes, uitgelekt
- 1 eetlepel Italiaanse kruiden
- 2 theelepels worcestershiresaus
- 1 theelepel gedroogde tijm
- ½ theelepel gemalen kaneel
- 1 kopje ongezoete magere Griekse yoghurt
- 1 ei, losgeklopt
- ¼ theelepel versgemalen zwarte peper
- ¼ theelepel gemalen nootmuskaat
- ¼ kopje geraspte Parmezaanse kaas
- 2 eetlepels gehakte verse peterselieblaadjes

Instructies:

Verwarm de oven voor op 400°F. Kook 3 eetlepels olijfolie tot ze goudbruin zijn. Voeg de plakjes aubergine toe en bak elke kant 3-4 minuten. Overbrengen op keukenpapier voor drainage.

Zet de pan terug op het vuur en giet de resterende 2 eetlepels olijfolie erbij. Voeg de ui en groene paprika toe. Ga door met koken tot de groenten gaar zijn. Haal uit de pan en zet opzij.

Zet de pan op het vuur en roer de kalkoen erdoor. Kook, verkruimelend met een lepel, gedurende ongeveer 5 minuten, tot ze goudbruin zijn. Voeg de knoflook toe en kook 30 seconden onder voortdurend roeren.

Voeg de tomatenpuree, tomaten, Italiaanse kruiden, worcestersaus, tijm en kaneel toe. Doe de ui en paprika terug in de pan. Kook gedurende 5 minuten, al roerend. Combineer yoghurt, eieren, paprika, nootmuskaat en kaas.

Leg de helft van het vleesmengsel op een bakplaat van 9 bij 13 inch. Vouw de aubergine dubbel. Voeg het resterende vleesmengsel en de resterende aubergine toe. Besmeer met yoghurtmengsel. Kook tot ze goudbruin zijn. Garneer met peterselie en serveer.

Voeding (per 100g): 338 calorieën 5 g vet 16 g koolhydraten 28 g eiwit 569 mg natrium

Dijon en Gras Varkenshaasje

Bereidingstijd: 10 minuten

Kooktijd: 30 minuten

Porties: 6

Moeilijkheidsgraad: gemiddeld

Inhoud:

- ½ kopje verse Italiaanse peterselieblaadjes, gehakt
- 3 eetlepels verse rozemarijnblaadjes, gehakt
- 3 eetlepels verse tijmblaadjes, gehakt
- 3 eetlepels Dijon-mosterd
- 1 eetlepel extra vergine olijfolie
- 4 teentjes knoflook, fijngehakt
- ½ theelepel zeezout
- ¼ theelepel versgemalen zwarte peper
- 1 (1½ pond) varkenshaas

Instructies:

Verwarm de oven voor op 400°F. Roer de peterselie, rozemarijn, tijm, mosterd, olijfolie, knoflook, zeezout en peper erdoor. Verwerk ongeveer 30 seconden tot een gladde massa. Verdeel het mengsel gelijkmatig over het varkensvlees en leg het op een omrande bakplaat.

Kook tot het vlees een interne temperatuur van 140°F bereikt.

Haal uit de oven en laat 10 minuten staan voordat je hem aansnijdt en serveert.

Voeding (per 100g): 393 calorieën 3 g vet 5 g koolhydraten 74 g eiwit 697 mg natrium

Biefstuk Met Champignonsaus Met Rode Wijn

voorbereidingstijd: minuten marineren plus 8 uur
Kooktijd: 20 minuten
Portie: 4
Moeilijkheidsgraad: moeilijk

Inhoud:

- Voor marinade en biefstuk
- 1 glas droge rode wijn
- 3 teentjes knoflook, fijngehakt
- 2 eetlepels extra vergine olijfolie
- 1 eetlepel natriumarme sojasaus
- 1 eetlepel gedroogde tijm
- 1 theelepel Dijon-mosterd
- 2 eetlepels extra vergine olijfolie
- 1 tot 1½ pond roksteak, flat iron steak of tri-tip steak
- Voor Champignonsaus
- 2 eetlepels extra vergine olijfolie
- 1 pond cremini-champignons, in kwarten
- ½ theelepel zeezout
- 1 theelepel gedroogde tijm
- 1/8 theelepel versgemalen zwarte peper

- 2 teentjes knoflook, fijngehakt
- 1 glas droge rode wijn

Instructies:

Voor het marineren en maken van steaks

Klop in een kleine kom de wijn, knoflook, olijfolie, sojasaus, tijm en mosterd door elkaar. Giet in een hersluitbare zak en voeg de biefstuk toe. Zet de steaks in de koelkast om 4 tot 8 uur te marineren. Haal de steaks uit de marinade en dep droog met keukenpapier.

Kook olijfolie in een grote koekenpan tot het glinstert.

Plaats de biefstuk en bak ongeveer 4 minuten aan elke kant, tot beide kanten goed bruin zijn en de biefstuk een interne temperatuur van 140°F heeft bereikt. Haal de biefstuk uit de pan en leg hem op een bord bekleed met aluminiumfolie om hem warm te houden terwijl je de champignonsaus klaarmaakt.

Als de champignonsaus klaar is, snijd je de biefstuk in plakken van ½ cm dik.

Champignonsaus Maken

Verhit in dezelfde pan de olie op middelhoog vuur. Voeg de champignons, zeezout, tijm en peper toe. Kook, zeer zelden roerend, tot de champignons bruin zijn, ongeveer 6 minuten.

Fruit de knoflook. Roer de wijn door en verwijder eventuele bruine stukjes uit de pan met de rand van een houten lepel. Kook tot de vloeistof met de helft is verminderd. Serveer de champignons met een lepel over de biefstuk.

Voeding (per 100g):405 calorieën 5 g vet 7 g koolhydraten 33 g eiwit 842 mg natrium

Griekse Gehaktballen

Bereidingstijd: 20 minuten

Kooktijd: 25 minuten

Portie: 4

Moeilijkheidsgraad: gemiddeld

Inhoud:

- 2 sneetjes volkorenbrood
- 1¼ pond gemalen kalkoen
- 1 ei
- ¼ kopje gekruide volkoren broodkruimels
- 3 teentjes knoflook, fijngehakt
- ¼ rode ui, geraspt
- ¼ kopje gehakte verse Italiaanse peterselieblaadjes
- 2 eetlepels gehakte verse muntblaadjes
- 2 eetlepels gehakte verse tijmblaadjes
- ½ theelepel zeezout
- ¼ theelepel versgemalen zwarte peper

Instructies:

Verwarm de oven voor op 350 ° F. Leg bakpapier of aluminiumfolie op de bakplaat. Laat het onder water lopen om het brood nat te maken en overtollig brood eruit te wringen. Snijd het natte brood in kleine stukjes en doe ze in een middelgrote kom.

Voeg de kalkoen, eieren, paneermeel, knoflook, rode ui, peterselie, munt, tijm, zeezout en peper toe. Meng het goed. Vorm van het mengsel balletjes van ¼ kopje. Leg de pasteitjes op het voorbereide vel en kook ongeveer 25 minuten of tot de interne temperatuur 165 ° F bereikt.

Voeding (per 100g):350 calorieën 6 g vet 10 g koolhydraten 42 g eiwit 842 mg natrium

Lamsvlees Met Struikbonen

Bereidingstijd: 10 minuten

Kooktijd: 1 uur

Porties: 6

Moeilijkheidsgraad: moeilijk

Inhoud:

- ¼ kopje extra vierge olijfolie, verdeeld
- 6 lamskoteletjes, ontdaan van overtollig vet
- 1 theelepel zeezout, verdeeld
- ½ theelepel versgemalen zwarte peper
- 2 eetlepels tomatenpuree
- 1½ kopje heet water
- 1 pond sperziebonen, bijgesneden en kruiselings gehalveerd
- 1 ui, gesnipperd
- 2 tomaten, in stukjes

Instructies:

Bak 2 eetlepels olijfolie in een grote pan goudbruin. Kruid de lamskoteletjes met ½ theelepel zeezout en 1/8 theelepel peper. Bak het lamsvlees ongeveer 4 minuten in de hete olie, tot het aan beide kanten bruin is. Leg het vlees op een bord en zet apart.

Zet de pan terug op het vuur en voeg de resterende 2 eetlepels olijfolie toe. Verwarm tot het gloeit.

Smelt de tomatenpuree in een kom in heet water. Voeg de sperziebonen toe aan de hete koekenpan samen met de uien, tomaten en de resterende ½ theelepel zeezout en ¼ theelepel peper. Breng aan de kook en gebruik de zijkant van een lepel om de gebruinde stukjes van de bodem van de pan te schrapen.

Doe de lamskoteletjes terug in de pan. Laat het koken en zet het vuur op medium-laag. Laat 45 minuten koken tot de bonen gaar zijn, voeg indien nodig meer water toe om de dikte van de saus aan te passen.

Voeding (per 100g): 439 calorieën 4 g vet 10 g koolhydraten 50 g eiwit 745 mg natrium

Kip Met Tomaat-Balsamico Pannensaus

Bereidingstijd: 10 minuten

Kooktijd: 20 minuten

Portie: 4

Moeilijkheidsgraad: gemiddeld

Inhoud

- 2 (8 oz. of 226,7 g elk) kippenborsten zonder been, zonder vel
- ½ theelepel. zout
- ½ theelepel. grondpeper
- 3 el. extra vergine olijfolie
- ½ c. gehalveerde kerstomaatjes
- 2 eetlepels. Gesneden Sjalotten
- ¼ c. balsamico azijn
- 1 eetlepel. Gesneden knoflook
- 1 eetlepel. geroosterde venkelzaadjes, geplet
- 1 eetlepel. Boter

Instructies:

Snijd de kipfilets in 4 stukken en sla ze met een hamer tot ze ¼ inch dik zijn. Gebruik ¼ theelepel peper en zout om de kip te coaten. Verhit twee eetlepels olie in een pan en houd het vuur op middelhoog vuur. Bak de kipfilets drie minuten aan elke kant. Leg het op een serveerschaal en dek het af met vershoudfolie om het warm te houden.

Doe een eetlepel olie, sjalot en tomaat in een pan en bak tot ze zacht zijn. Voeg de azijn toe en kook het mengsel tot de azijn voor de helft is ingekookt. Voeg venkelzaad, knoflook, zout en peper toe en bak ongeveer vier minuten. Haal het van het vuur en meng het met de boter. Giet deze saus over de kip en serveer.

Voeding (per 100g):294 calorieën 17 g vet 10 g koolhydraten 2 g eiwit 639 mg natrium

Bruine rijst, fetakaas, verse erwten en muntsalade

Bereidingstijd: 10 minuten

Kooktijd: 25 minuten

Portie: 4

Moeilijkheidsgraad: Makkelijk

Inhoud:

- 2 c. bruine rijst
- 3 c. Dit
- Zout
- 5 ons. of 141,7 g verkruimelde fetakaas
- 2 c. gekookte erwten
- ½ c. gehakte munt, vers
- 2 eetlepels. olijfolie
- Zout en peper

Instructies:

Doe de zilvervliesrijst, het water en het zout in een pan op middelhoog vuur, dek af en breng aan de kook. Zet het vuur laag en laat het koken tot het water is opgelost en de rijst zacht maar taai is. Laat het volledig afkoelen

Voeg de feta, erwten, munt, olijfolie, zout en peper toe aan een slakom met de gekoelde rijst en meng om te combineren. Serveer en geniet!

Voeding (per 100g): 613 calorieën 18,2 g vet 45 g koolhydraten 12 g eiwit 755 mg natrium

Volkoren Pita Brood Gevuld Met Olijven En Kikkererwten

Bereidingstijd: 10 minuten
Kooktijd: 20 minuten
Portie: 2
Moeilijkheidsgraad: gemiddeld

Inhoud:

- 2 volkoren pitabroodjes
- 2 eetlepels. olijfolie
- 2 teentjes knoflook, gehakt
- 1 ui, gesnipperd
- ½ theelepel. komijn
- 10 zwarte olijven, gehakt
- 2 c. gekookte kikkererwten
- Zout en peper

Instructies:

Snijd de pitabroodjes in plakjes en zet opzij. Zet je vuur op medium en vervang een pan. Voeg olijfolie toe en verwarm. Roer de knoflook, ui en komijn in de hete pan en roer als de uien zacht zijn en de komijn geurt Voeg de olijven, kikkererwten, zout en peper toe en hussel alles door elkaar tot de kikkererwten goudbruin zijn.

Neem de pan van het vuur en plet de kikkererwten grof met een houten lepel zodat een deel stevig is en een deel verbrijzeld.Verhit je pitabroodjes in de magnetron, in de oven of op het fornuis in een schone pan.

Vul ze met je kikkererwtenmix en smullen maar!

Voeding (per 100g): 503 calorieën 19 g vet 14 g koolhydraten 15,7 g eiwit 798 mg natrium

Geroosterde wortelen met walnoten en cannellinibonen

Bereidingstijd: 10 minuten

Kooktijd: 45 minuten

Portie: 4

Moeilijkheidsgraad: gemiddeld

Inhoud:

- 4 geschilde wortelen, in stukjes
- 1 c. okkernoot
- 1 eetlepel. Honing
- 2 eetlepels. olijfolie
- 2 c. ingeblikte cannellinibonen, uitgelekt
- 1 takje verse tijm
- Zout en peper

Instructies:

Zet de oven op 204 C en bekleed een bakplaat of bakplaat met bakpapier. Leg de wortelen en walnoten op de met bakpapier beklede bakplaat of pan. Sprenkel olijfolie en honing over de wortels en walnoten en wrijf alles in om ervoor te zorgen dat elk stuk gaar is. gecoat Spreid de bonen uit op de bakplaat en leg ze in de wortelen en walnoten

Voeg tijm toe en bestrooi alles met zout en peper. Zet de bakplaat in de oven en braad ongeveer 40 minuten.

Serveer en geniet

Voeding (per 100g): 385 calorieën 27 g vet 6 g koolhydraten 18 g eiwit 859 mg natrium

Pittige Boter Kip

Bereidingstijd: 10 minuten

Kooktijd: 25 minuten

Portie: 4

Moeilijkheidsgraad: gemiddeld

Inhoud:

- ½ c. Zware Slagroom
- 1 eetlepel. Zout
- ½ c. bottenbouillon
- 1 eetlepel. Peper
- 4 el. Boter
- 4 halve kippenborsten

Instructies:

Zet de ovenschaal op middelhoog vuur in de oven en voeg een eetlepel boter toe. Als de boter heet en gesmolten is, voeg je de kip toe en bak je deze vijf minuten aan elke kant. Na deze tijd moet de kip goed gaar en goudbruin zijn; zo ja, ga je gang en leg het op een bord.

Vervolgens voeg je de bottenbouillon toe aan de warme pan. Voeg zware slagroom, zout en peper toe. Laat de pan vervolgens met rust totdat je saus begint te koken. Laat dit proces vijf minuten gebeuren om de saus te laten indikken.

Als laatste doe je de rest van je boter en de kip terug in de pan. Zorg ervoor dat je een lepel gebruikt om de saus over je kip te scheppen en deze volledig te smoren. Dienst

Voeding (per 100g): 350 calorieën 25 g vet 10 g koolhydraten 25 g eiwit 869 mg natrium

Dubbele Kaas Bacon Kip

Bereidingstijd: 10 minuten

Kooktijd: 30 minuten

Portie: 4

Moeilijkheidsgraad: Makkelijk

Inhoud:

- 4 Oz. of 113 g. Roomkaas
- 1 c. Cheddar kaas
- 8 reepjes spek
- zeezout
- Peper
- 2 teentjes knoflook, fijngehakt
- Kipfilet
- 1 eetlepel. Spekvet of Boter

Instructies:

Bereid de oven voor op 400 F / 204 C. Snijd de kipfilets dun doormidden.

Breng op smaak met zout, peper en knoflook Vet een bakplaat in met boter en leg de kipfilets erin. Voeg de roomkaas en cheddarkaas bovenop de borsten toe.

Voeg de plakjes ontbijtspek toe Zet de pan 30 minuten in de oven Serveer warm

Voeding (per 100g): 610 calorieën 32 g vet 3 g koolhydraten 38 g eiwit 759 mg natrium

Garnalen Citroen En Peper

Bereidingstijd: 10 minuten

Kooktijd: 10 minuten

Portie: 4

Moeilijkheidsgraad: Makkelijk

Inhoud:

- 40 gepelde garnalen
- 6 teentjes gehakte knoflook
- Zout en peper
- 3 el. olijfolie
- ¼ theelepel. zoete paprika
- Een snufje gemalen rode pepervlokken
- ¼ theelepel. geraspte citroenschil
- 3 el. Sherry of een andere wijn
- 1½ eetl. gesneden bieslook
- sap van 1 citroen

Instructies:

Zet je vuur op middelhoog en vervang het door een pan.

Voeg olie en garnalen toe, bestrooi met peper en zout en kook 1 minuut Voeg paprika, knoflook en chilivlokken toe, mix en kook 1 minuut. Roer voorzichtig de sherry erdoor en laat nog een minuutje doorkoken.

Haal de garnalen van het vuur, voeg de bieslook en citroenrasp toe, meng en leg de garnalen op de borden. Voeg aan elke kant citroensap toe en serveer.

Voeding (per 100g): 140 calorieën 1 g vet 5 g koolhydraten 18 g eiwit 694 mg natrium

Gepaneerde en Pittige Heilbot

Bereidingstijd: 5 minuten

Kooktijd: 25 minuten

Portie: 4

Moeilijkheidsgraad: Makkelijk

Inhoud:

- ¼ c. gehakte verse bieslook
- ¼ c. gehakte verse dille
- ¼ theelepel. grond zwarte peper
- ¾ c. Panko paneermeel
- 1 eetlepel. extra vergine olijfolie
- 1 theelepel. fijn geraspte citroenschil
- 1 theelepel. zeezout
- 1/3 c. gehakte verse peterselie
- 4 (6 oz. of 170 g per stuk) heilbotfilets

Instructies:

Meng in een middelgrote kom olijfolie met de overige ingrediënten behalve heilbotfilets en paneermeel.

Leg de heilbotfilets in het mengsel en marineer 30 minuten. Verwarm de oven voor op 204 C. Plaats de folie op de bakplaat, vet in met kookspray Doop de filets in paneermeel en leg ze op de bakplaat. Bak gedurende 20 minuten Serveer warm gedurende 20 minuten

Voeding (per 100g): 667 calorieën 24,5 g vet 2 g koolhydraten 54,8 g eiwit 756 mg natrium

Zalm Met Mosterd Curry

Bereidingstijd: 10 minuten

Kooktijd: 20 minuten

Portie: 4

Moeilijkheidsgraad: Makkelijk

Inhoud:

- ¼ theelepel. gemalen rode peper of cayennepeper
- ¼ theelepel. kurkuma, gemalen
- ¼ theelepel. zout
- 1 theelepel. Honing
- ¼ theelepel. knoflook poeder
- 2 theelepels. volkoren mosterd
- 4 (6 oz. of 170 g per stuk) zalmfilets

Instructies:

Meng mosterd en alle ingrediënten behalve zalm in een kom.Verwarm de oven voor op 350 F/176 C. Vet een ovenschaal in met kookspray. Leg de zalm met het vel naar beneden op de bakplaat en verdeel het mosterdmengsel gelijkmatig over de filets. Plaats in de oven en bak gedurende 10-15 minuten of tot schilfers

Voeding (per 100g): 324 calorieën 18,9 g vet 1,3 g koolhydraten 34 g eiwit 593 mg natrium

Zalm Met Walnoot-Rozemarijn Shell

Bereidingstijd: 10 minuten

Kooktijd: 25 minuten

Portie: 4

Moeilijkheidsgraad: gemiddeld

Inhoud:

- 1 lb. of 450 gr. diepgevroren zalmfilet zonder vel
- 2 theelepels. Dijon mosterd
- 1 teentje knoflook, fijngehakt
- ¼ theelepel. citroenschil
- ½ theelepel. Honing
- ½ theelepel. koosjer zout
- 1 theelepel. vers gehakte rozemarijn
- 3 el. Panko paneermeel
- ¼ theelepel. gemalen rode peper
- 3 el. gehakte walnoten
- 2 theelepels. extra vergine olijfolie

Instructies:

Bereid de oven voor op 420 F / 215 C en gebruik perkamentpapier om een omrande bakplaat te bekleden. Meng in een kom mosterd, citroenschil, knoflook, citroensap, honing, rozemarijn, geplette rode peper en zout. Meng in een andere kom walnoten, panko en 1 theelepel olie. Bekleed een bakplaat met bakpapier en leg de zalm erop.

Verdeel het mosterdmengsel over de vis en bedek met het pankomengsel. Sprenkel de resterende olijfolie lichtjes over de zalm. Kook ongeveer 10-12 minuten of tot de zalm uit elkaar valt met een vork. Heet opdienen

Voeding (per 100g): 222 calorieën 12 g vet 4 g koolhydraten 0,8 g eiwit 812 mg natrium

Snelle tomatenspaghetti

Bereidingstijd: 10 minuten

Kooktijd: 25 minuten

Portie: 4

Moeilijkheidsgraad: gemiddeld

Inhoud:

- 8 Oz. of 226,7 g spaghetti
- 3 el. olijfolie
- 4 teentjes knoflook, in plakjes
- 1 jalapeno, in plakjes
- 2 c. Cherry-tomaten
- Zout en peper
- 1 theelepel. balsamico azijn
- ½ c. Parmezaanse kaas, geraspt

Instructies:

Kook water in een grote pan op middelhoog vuur. Voeg een snufje zout toe en breng aan de kook en voeg dan de spaghetti toe. Laat het 8 minuten koken. Verhit terwijl de pasta kookt de olie in een pan en voeg de knoflook en jalapeno toe. Laat nog 1 minuut koken en roer dan de tomaten, peper en zout erdoor.

Laat 5-7 minuten koken tot de schil van de tomaten barst.

Voeg de azijn toe en haal van het fornuis. Giet de spaghetti goed af en meng met tomatensaus. Bestrooi met kaas en serveer direct.

Voeding (per 100g): 298 calorieën 13,5 g vet 10,5 g koolhydraten 8 g eiwit 749 mg natrium

Peper Tijm Gebakken Kaas

Bereidingstijd: 10 minuten

Kooktijd: 25 minuten

Portie: 4

Moeilijkheidsgraad: Makkelijk

Inhoud:

- 8 Oz. of 226,7 g fetakaas
- 4 Oz. of 113 g mozzarella, verkruimeld
- 1 gesneden hete peper
- 1 theelepel. gedroogde tijm
- 2 eetlepels. olijfolie

Instructies:

Leg de fetakaas in een kleine diepe ovenschaal. Bestrooi met mozzarella en breng op smaak met plakjes paprika en tijm. Bedek je plafond met een deksel. Bak gedurende 20 minuten in een voorverwarmde oven van 350 F/176 C. Serveer de kaas en geniet ervan.

Voeding (per 100g): 292 calorieën 24,2 g vet 5,7 g koolhydraten 2 g eiwit 733 mg natrium

311. Krokante Italiaanse Kip

Bereidingstijd: 10 minuten

Kooktijd: 30 minuten

Portie: 4

Moeilijkheidsgraad: Makkelijk

Inhoud:

- 4 kippenpoten
- 1 theelepel. gedroogde basilicum
- 1 theelepel. gedroogde tijm
- Zout en peper
- 3 el. olijfolie
- 1 eetlepel. balsamico azijn

Instructies:

Kruid de kip goed met de basilicum en tijm. Voeg olie toe met behulp van een pan en verwarm het. Voeg de kip toe aan de hete olie. Bak 5 minuten aan elke kant tot ze goudbruin zijn en dek de pan dan af met een deksel.

Zet het vuur op medium en bak 10 minuten aan één kant, draai de kip dan om en om en bak nog eens 10 minuten tot hij krokant is. Serveer de kip en geniet ervan.

Voeding (per 100g): 262 calorieën 13,9 g vet 11 g koolhydraten 32,6 g eiwit 693 mg natrium

Quinoa Pizzamuffins

Bereidingstijd: 15 minuten

Kooktijd: 30 minuten

Portie: 4

Moeilijkheidsgraad: Makkelijk

Inhoud:

- 1 kopje ongekookte quinoa
- 2 grote eieren
- ½ middelgrote ui, gehakt
- 1 kopje gehakte paprika
- 1 kop geraspte mozzarellakaas
- 1 eetlepel gedroogde basilicum
- 1 eetlepel gedroogde tijm
- 2 theelepels knoflookpoeder
- 1/8 theelepel zout
- 1 theelepel geroosterde rode paprika
- ½ kopje geroosterde rode pepers, fijngehakt*
- Pizzasaus, ongeveer 1-2 kopjes

Instructies:

Verwarm de oven voor op 350oF. Kook de quinoa volgens de gebruiksaanwijzing. Combineer alle ingrediënten (behalve saus) in een kom. Meng alle ingrediënten grondig.

Verdeel het quinoa-pizzamengsel gelijkmatig in de muffinvorm. Je maakt er 12 muffins mee. Bak gedurende 30 minuten tot de muffins goudbruin en krokant zijn aan de randen.

Maak het af met 1 of 2 eetlepels pizzasaus en smullen maar!

Voeding (per 100g): 303 calorieën 6,1 g vet 41,3 g koolhydraten 21 g eiwit 694 mg natrium

Rozemarijn-walnotenbrood

Bereidingstijd: 5 minuten

Kooktijd: 45 minuten

Portie: 8

Moeilijkheidsgraad: moeilijk

Inhoud:

- ½ kopje gehakte walnoten
- 4 eetlepels verse, gehakte rozemarijn
- 1 1/3 kopjes warm koolzuurhoudend water
- 1 eetlepel honing
- ½ kopje extra vergine olijfolie
- 1 theelepel appelazijn
- 3 eieren
- 5 theelepels instant droge gistkorrels
- 1 theelepel zout
- 1 eetlepel xanthaangom
- ¼ kopje karnemelkpoeder
- 1 kopje witte rijstmeel
- 1 kopje tapiocazetmeel
- 1 kop arrowroot zetmeel
- 1 ¼ kopje Bob's Red Mill glutenvrije meelmix voor alle doeleinden

Instructies:

Klop de eieren goed los in een grote mengkom. Voeg 1 kopje warm water, honing, olijfolie en azijn toe.

Voeg onder voortdurend roeren de andere ingrediënten toe, behalve rozemarijn en walnoten.

Blijf kloppen. Als het deeg te hard is, meng dan wat warm water. Het deeg moet luchtig en dik zijn.

Voeg vervolgens rozemarijn en walnoten toe en blijf kneden tot een homogeen geheel.

Bedek de kom met deeg met een schone handdoek, zet op een warme plaats en laat 30 minuten rijzen.

Verwarm de oven vijftien minuten voor de rijstijd voor op 200oF.

Vet een braadpan van 2 liter royaal in met olijfolie en verwarm de binnenkant van de oven voor zonder deksel.

Nadat het deeg is gerezen, haal je de bakvorm uit de oven en leg je het deeg erin. Verdeel met een natte spatel de bovenkant van het deeg gelijkmatig in de pan.

Bestrijk de bovenkant van de broden met 2 eetlepels olijfolie, zet de Nederlandse oven uit en bak 35 tot 45 minuten. Nadat het brood gebakken is, haal je het uit de oven. En haal het brood voorzichtig uit de pan. Laat het brood minstens tien minuten afkoelen voordat u het aansnijdt. Serveer en geniet.

Voeding (per 100g): 424 calorieën 19 g vet 56,8 g koolhydraten 7 g eiwit 844 mg natrium

heerlijke krab panini

Bereidingstijd: 5 minuten

Kooktijd: 10 minuten

Portie: 4

Moeilijkheidsgraad: Makkelijk

Inhoud:

- 1 eetlepel Olijfolie
- Stokbrood gespleten en kruisgewijs doorgesneden
- 1 lb. garnalen krab
- ½ kopje bleekselderij
- ¼ kopje gehakte groene uien
- 1 theelepel Worcestershire-saus
- 1 theelepel citroensap
- 1 eetlepel Dijon-mosterd
- ½ kopje lichte mayonaise

Instructies:

Meng in een middelgrote kom grondig: selderij, ui, Worcestershire, citroensap, mosterd en mayonaise. Breng op smaak met peper en zout. Voeg dan langzaam de amandelen en krabben toe.

Bestrijk de gesneden randen van het brood met olijfolie en bestrijk met het krabmengsel voordat je het bedekt met een andere snee brood.

Grill de tosti in de paninipers tot het brood krokant en gerezen is.

Voeding (per 100g): 248 calorieën 10,9 g vet 12 g koolhydraten 24,5 g eiwit 845 mg natrium

Uitstekende pizza en cake

Bereidingstijd: 35 minuten

Kooktijd: 15 minuten

Portie: 10

Moeilijkheidsgraad: moeilijk

Inhoud:

- Voor pizzadeeg:
- 2 theelepels honing
- 1/4 ons. actieve droge gist
- 11/4-kops lauw water (ongeveer 120°F)
- 2 eetlepels olijfolie
- 1 theelepel zeezout
- 3 kopjes volkorenmeel + 1/4 kop, indien nodig voor het rollen
- Voor de bovenkant van de pizza:
- 1 kopje pestosaus
- 1 kopje artisjokharten
- 1 kopje verwelkte spinazieblaadjes
- 1 kop zongedroogde tomaten
- 1/2 kopje Kalamata-olijven
- 4 Oz. feta kaas
- 4 Oz. Gemengde kaas bestaande uit gelijke delen magere mozzarella, asiago en provolone Olijfolie
- Optionele Peak-uitbreidingen:

- groene paprika
- Kipfiletreepjes Verse basilicum
- pijnboompitten

Instructies:

Voor pizzadeeg:

Verwarm je oven voor op 350 ° F.

Meng de honing en gist met het warme water in je keukenmachine met het deegopzetstuk. Roer het mengsel tot het volledig is gecombineerd. Laat het mengsel 5 minuten rusten om de gist te laten activeren door belletjes op het oppervlak te vormen.

Giet de olijfolie. Voeg het zout toe en mix een halve minuut. Voeg geleidelijk 3 kopjes bloem toe, ongeveer een halve kop per keer, en meng een paar minuten tussen elke toevoeging.

Kneed het mengsel gedurende 10 minuten, tot je processor glad en elastisch is, en bestrooi indien nodig met bloem om te voorkomen dat het deeg aan de oppervlakken van de processorkom blijft plakken.

Haal het deeg uit de kom. Laat 15 minuten zitten, dek af met een vochtige, warme handdoek.

Rol het deeg uit tot een halve centimeter dik, bestrooi indien nodig met bloem. Prik met een vork willekeurige gaatjes in het deeg om te voorkomen dat de korst gaat rijzen.

Leg het geperforeerde, opgerolde deeg op een pizzasteen of bakplaat. Kook gedurende 5 minuten.

Voor de bovenkant van de pizza:

Bestrijk de gebakken pizzabodem lichtjes met olijfolie.

Giet de pesto over de saus en verdeel het goed over het oppervlak van de pizzabodem, laat een halve centimeter ruimte rond de randen over voor de korst.

Beleg de pizza met artisjokharten, geslonken spinazieblaadjes, zongedroogde tomaten en olijven. (Voeg naar wens meer toppings toe.) Top met kaas.

Leg de pizza direct op het ovenrooster. Bak gedurende 10 minuten, tot de kaas borrelt en van het midden tot het einde is gesmolten. Laat de pizza 5 minuten afkoelen voordat je hem aansnijdt.

Voeding (per 100g): 242,8 calorieën 15,1 g vetten 15,7 g koolhydraten 14,1 g eiwit 942 mg natrium

Margherita mediterraan model

Bereidingstijd: 15 minuten

Kooktijd: 15 minuten

Portie: 10

Moeilijkheidsgraad: moeilijk

Inhoud:

- 1 partij pizzabodem
- 2 eetlepels olijfolie
- 1/2 kopje geplette tomaten
- 3-Roma tomaten, in plakken van 1/4 inch dik
- 1/2 kopje verse basilicumblaadjes, in dunne plakjes gesneden
- 6 ons. blok mozzarella-kaas, snijd ze in plakjes van 1/4-inch, dep ze droog met keukenpapier
- 1/2 theelepel zeezout

Instructies:

Verwarm je oven voor op 450°F.

Bestrijk de pizzabodem lichtjes met olijfolie. Verdeel de geplette tomaten goed over de pizzabodem en laat een halve centimeter korst rond de randen.

Beleg de pizza met plakjes Roma-tomaat, basilicumblaadjes en plakjes mozzarella. Strooi zout op de pizza.

Breng de pizza rechtstreeks over naar het ovenrooster. Bak tot de kaas smelt van het midden tot de korst. Zet opzij voor het snijden.

Voeding (per 100g): 251 calorieën 8 g vetten 34 g koolhydraten 9 g eiwit 844 mg natrium

Draagbare verpakte picknickstukken

Bereidingstijd: 5 minuten

Kooktijd: 0 minuten

Portie: 1

Moeilijkheidsgraad: Makkelijk

Inhoud:

- 1 sneetje volkorenbrood, in hapklare stukjes gesneden
- 10 kerstomaatjes
- 1/4 ons. oude kaas, in plakjes
- 6 in olie gerijpte olijven

Instructies:

Verpak elk van de ingrediënten in een draagbare container om u te dienen tijdens het snacken onderweg.

Voeding (per 100g): 197 calorieën 9 g vetten 22 g koolhydraten 7 g eiwit 499 mg natrium

Frittata gevuld met heerlijke courgette en tomatensaus

Bereidingstijd: 10 minuten

Kooktijd: 15 minuten

Portie: 4

Moeilijkheidsgraad: Makkelijk

Inhoud:

- 8 eieren
- 1/4 theelepel paprikapoeder, geplet
- 1/4 theelepel zout
- 1 eetlepel olijfolie
- 1 kleine courgette, in de lengte dun gesneden
- 1/2 kopje rode of gele kerstomaatjes, gehalveerd
- 1/3 kopje walnoten, grof gehakt
- 2 ons. hapklare verse mozzarellabolletjes (bocconcini)

Instructies:

Verwarm je vleeskuikens voor. Klop ondertussen in een middelgrote kom de eieren, geplette paprikapoeder en zout door elkaar. Zet het opzij.

Verhit olijfolie in een 10-inch vleeskuikenbestendige koekenpan op middelhoog vuur. Verdeel de plakjes courgette gelijkmatig over de bodem van de pan. Bak 3 minuten, draai halverwege een keer om.

Vul de courgettelaag met kerstomaatjes. Giet het eimengsel over de groenten in de koekenpan. Garneer met walnoten en bolletjes mozzarella.

Schakel over naar middelhoog vuur. Kook tot de randen beginnen te stollen. Til de frittata op met een spatel zodat de ongekookte delen van het eimengsel naar beneden lopen.

Plaats de pan op de grill. Kook de frittata 10 cm van het vuur gedurende 5 minuten, tot de bovenkant gestold is. Snijd de frittata in plakjes om te serveren.

Voeding (per 100g): 284 calorieën 14 g vetten 4 g koolhydraten 17 g eiwit 788 mg natrium

Bananenbrood met zure room

Bereidingstijd: 10 minuten

Kooktijd: 1 uur 10 minuten

Portie : 32

Moeilijkheidsgraad: gemiddeld

Inhoud:

- Witte suiker (.25 kopjes)
- Kaneel (1 theelepel + 2 theelepels)
- Boter (.75)
- Witte suiker (3 kopjes)
- Ei (3)
- Zeer rijpe banaan, gepureerd (6)
- Zure room (beker van 16 oz)
- Vanille-extract (2 theelepels)
- Zout (.5 theelepels)
- Zuiveringszout (3 theelepels)
- Bloem voor alle doeleinden (4,5 kopjes)
- Optioneel: gehakte walnoten (1 kopje)
- Ook vereist: 4 - 7 x 3-inch broodpannen

Instructies:

Stel de oven in op 300 ° Fahrenheit. Vet de gehaktballetjes in.

Zeef de suiker en een theelepel kaneel. Bestuif de bakvorm met het mengsel.

Klop de boter romig met de rest van de suiker. Pureer bananen met eieren, kaneel, vanille, zure room, zout, bakpoeder en bloem. Gooi de noten als laatste weg.

Giet het mengsel in de pannen. Kook een uur. Dienst

Voeding (per 100g): 263 calorieën 10,4 g vet 9 g koolhydraten 3,7 g eiwit 633 mg natrium

Huisgemaakt pitabroodje

Bereidingstijd: 15 minuten

Kooktijd: 5 uur (inclusief rijstijd)

Portie: 7

Moeilijkheidsgraad: moeilijk

Inhoud:

- Droge gist (.25 oz.)
- Suiker (.5 theelepels)
- Broodmeel/mix voor alle doeleinden en volkoren (2,5 kopjes + meer om te bestuiven)
- Zout (.5 theelepels)
- Water (.25 kopjes of zoals nodig)
- olie naar behoefte

Instructies:

Los de gist en suiker op in een half glas warm water in een kleine mengkom. Wacht ongeveer 15 minuten (klaar als het schuimt).

Zeef in een andere kom de bloem en het zout. Maak een kuiltje in het midden en voeg het gistmengsel (+) een glas water toe. Kneed het deeg.

Leg op een licht met bloem bestoven oppervlak en kneed.

Doe een druppel olie op de bodem van een grote kom en rol het deeg uit om het oppervlak te bedekken.

Leg een vochtige theedoek over de deegkom. Wikkel de kom in een vochtige doek en zet hem minstens twee uur of een nacht op een warme plaats. (Het deeg zal verdubbelen).

Pons het deeg en kneed het brood en verdeel het in kleine balletjes. Druk de balletjes plat tot dikke ovale schijven.

Bestuif een theedoek met de bloem en leg de ovale schijven erop, zodat er genoeg ruimte tussen zit om uit te zetten. Bestuif de bloem en leg er nog een schone doek op. Laat het nog een tot twee uur rijzen.

Zet de oven op 425 ° Fahrenheit. Plaats meerdere bakplaten in de oven om kort op te warmen. Vet de verwarmde bakplaten licht in met olie en leg de ovale broodschijven erop.

Besprenkel de ovalen licht met water en bak tot ze lichtbruin zijn, of gedurende zes tot acht minuten.

Serveer ze warm. Leg het flatbread op een rooster en wikkel het vervolgens in een schone, droge doek om het zacht te houden.

Voeding (per 100g): 210 calorieën 4 g vet 6 g koolhydraten 6 g eiwit 881 mg natrium

wafel broodjes

Bereidingstijd: 10 minuten

Kooktijd: 20 minuten

Porties: 6

Moeilijkheidsgraad: Makkelijk

Inhoud:

- Olijfolie (1 eetlepel)
- Rijst met 7 korrels (verpakking van 8,5 oz)
- Engelse pitloze komkommer (1 kop)
- Zaadtomaten (1 kop)
- Verkruimelde fetakaas (.25 kopjes)
- Vers citroensap (2 eetlepels)
- Versgemalen zwarte peper (.25 theelepels)
- Gewone hummus (beker van 7 oz)
- Volkoren witte wafelwrap (3 @ 2,8 oz elk)

Instructies:

Kook en koel de rijst volgens de aanwijzingen op de verpakking.

Snijd en meng tomaten, komkommers, kaas, olie, peper en citroensap. Vouw de pilaf naar binnen.

Bereid de wraps met hummus aan één kant. Lepel en vouw de pilaf.

Snijd in sandwiches en serveer.

Voeding (per 100g): 310 calorieën 9 g vet 8 g koolhydraten 10 g eiwit 745 mg natrium

Mezze plaat met geroosterd Zaatar pitabroodje

Bereidingstijd: 10 minuten
Kooktijd: 10 minuten
Portie: 4
Moeilijkheidsgraad: gemiddeld

Inhoud:

- Volkoren Pitabroodjes (4)
- Olijfolie (4 eetlepels)
- Zaatar (4 theelepels)
- Griekse yoghurt (1 kop)
- Zwarte peper en koosjer zout (optioneel)
- Hummus (1 kop)
- Gemarineerde artisjokharten (1 kop)
- Gemengde olijven (2 kopjes)
- Gesneden Geroosterde Rode Paprika (1 kop)
- Cherrytomaatjes (2 kopjes)
- Salami (4 ons)

Instructies:

Gebruik de middelhoge warmtestand om een grote koekenpan te verwarmen.

Vet het pitabroodje aan beide kanten licht in met olie en voeg zaatar toe om op smaak te brengen.

Bereid de pita in porties door deze in een pan te doen en goudbruin te bakken. Het duurt ongeveer twee minuten aan elke kant. Snijd elke pita in vieren.

Kruid de yoghurt met peper en zout.

Om te assembleren, splitst u aardappelen en voegt u hummus, yoghurt, artisjokharten, olijven, paprika, tomaten en salami toe.

Voeding (per 100g): 731 calorieën 48 g vet 10 g koolhydraten 26 g eiwit 632 mg natrium

Mini Kip Shoarma

Bereidingstijd: 10 minuten

Kooktijd: 1 uur 15 minuten

Portie: 8

Moeilijkheidsgraad: Makkelijk

Inhoud:

- <u>Kip:</u>
- Kip-offertes (1 lb.)
- Olijfolie (.25 kopjes)
- Citroen - schil en sap (1)
- Komijn (1 theelepel)
- Knoflookpoeder (2 theelepels)
- Gerookte paprika (.5 theelepels)
- Koriander (.75 theelepels)
- Versgemalen zwarte peper (1 theelepel)
- <u>SOS:</u>
- Griekse yoghurt (1,25 kopjes)
- Citroensap (1 eetlepel)
- geraspte teen knoflook (1)
- Vers gehakte dille (2 eetlepels)
- Zwarte peper (.125 tl/naar smaak)
- Kosjer zout (optioneel)
- Gehakte verse peterselie (.25 kopjes)
- Rode ui (helft van 1)

- Sla (4 blaadjes)
- Engelse komkommer (helft van 1)
- tomaat (2)
- Mini pitabroodje (16)

Instructies:

Gooi de kip in een zak met ritssluiting. Klop de kipingrediënten los en voeg toe aan de zak om ongeveer een uur te marineren.

Bereid de saus door het sap, de knoflook en de yoghurt in een mengkom te mengen. Roer de dille, peterselie, peper en zout erdoor. Plaats het in de koelkast.

Verhit een pan op middelhoog vuur. Haal de kip uit de marinade (laat het overtollige water weglopen).

Kook tot ze goed gaar zijn, of ongeveer vier minuten aan elke kant. Snijd in hapklare reepjes.

Snijd de wortel en ui in dunne plakjes. Rasp de sla en hak de tomaten fijn. Assembleer en voeg de pitabroodjes toe - kip, sla, uien, tomaten en komkommers.

Voeding (per 100g): 216 calorieën 16 g vet 9 g koolhydraten 9 g eiwit 745 mg natrium

aubergine pizza

Bereidingstijd: 10 minuten

Kooktijd: 30 minuten

Porties: 6

Moeilijkheidsgraad: gemiddeld

Inhoud:

- Aubergine (1 grote of 2 middelgrote)
- Olijfolie (.33 kopjes)
- Zwarte peper en zout (naar smaak)
- Marinarasaus - uit de winkel gekocht/zelfgemaakt (1,25 kopjes)
- Geraspte mozzarellakaas (1,5 kopjes)
- Cherrytomaatjes (2 kopjes - gehalveerd)
- Gescheurde basilicumblaadjes (0,5 kopjes)

Instructies:

Verwarm de oven voor op 400 ° Fahrenheit. Bereid de bakplaat voor met een laag bakpapier.

Snijd de uiteinden / uiteinden van de aubergine af en snijd ze in plakjes van ¾ inch. Leg de plakjes op de voorbereide schaal en bestrijk beide kanten met olijfolie. Bestrooi met peper en zout naar smaak.

Bak de aubergine gaar (10 tot 12 minuten).

Haal de schaal uit de oven en bedek elke portie met twee eetlepels saus. Top met mozzarellakaas en top met drie tot vijf stukjes tomaat.

Kook tot de kaas smelt. De tomaten zouden binnen ongeveer vijf tot zeven minuten moeten beginnen te borrelen.

Haal de bakplaat uit de oven. Garneer met basilicum en serveer.

Voeding (per 100g):257 calorieën 20 g vet 11 g koolhydraten 8 g eiwit 789 mg natrium

Mediterrane volkorenpizza

Bereidingstijd: 10 minuten

Kooktijd: 25 minuten

Portie: 4

Moeilijkheidsgraad: Makkelijk

Inhoud:

- volkoren pizzadeeg (1)
- Basilicumpesto (4 oz. Pot)
- Artisjokharten (0,5 kopjes)
- Kalamata-olijven (2 eetlepels)
- Pepperoncini (2 eetlepels uitgelekt)
- Fetakaas (.25 kopjes)

Instructies:

Programmeer de oven op 450 ° Fahrenheit.

Giet de artisjokken af en snijd ze in stukjes. Snijd/hak paprika en olijven.

Leg de pizzabodem op een met bloem bestoven werkvlak en bestrijk met pesto. Leg artisjokken, plakjes pepperoncini en olijven op de pizza. Verkruimel tot slot en voeg feta toe.

Bak gedurende 10-12 minuten. Dienst.

Voeding (per 100g): 277 calorieën 18,6 g vet 8 g koolhydraten 9,7 g eiwit 841 mg natrium

Spinazie en Witte Pita Gebakken

Bereidingstijd: 5 minuten

Kooktijd: 22 minuten

Porties: 6

Moeilijkheidsgraad: moeilijk

Inhoud:

- Zongedroogde tomatenpesto (6 oz. Kuipje)
- Roma - pruimtomaten (2 in stukjes)
- Volkoren pitabroodje (zes 6 inch)
- Spinazie (1 bosje)
- Champignon (4 in plakjes)
- Geraspte Parmezaanse kaas (2 eetlepels)
- Verkruimelde fetakaas (0,5 kopjes)
- Olijfolie (3 eetlepels)
- Zwarte peper (naar wens)

Instructies:

Zet de oven op 350 ° Fahrenheit.

Smeer de pesto aan één kant van elk pitabroodje en leg ze op een bakplaat (pesto-kant naar boven).

Was en hak de spinazie fijn. Bestrooi de pitabroodjes met spinazie, champignons, tomaten, feta, paprika, Parmezaanse kaas, paprika en een scheutje olie.

Bak in een hete oven tot het pitabroodje krokant is (12 minuten). Verdeel de pitabroodjes in vieren.

Voeding (per 100g): 350 calorieën 17,1 g vet 9 g koolhydraten 11,6 g eiwit 712 mg natrium

Watermeloen Wit & Balsamico Pizza

Bereidingstijd: 10 minuten

Kooktijd: 15 minuten

Portie: 4

Moeilijkheidsgraad: Makkelijk

Inhoud:

- Watermeloen (2,5 cm dik vanaf het midden)
- Verkruimelde fetakaas (1 oz.)
- Gesneden Kalamata-olijven (5-6)
- Muntblaadjes (1 theelepel)
- Balsamico glazuur (0,5 eetl.)

Instructies:

Snijd het breedste deel van de watermeloen doormidden. Verdeel vervolgens elke helft in vieren.

Serveer op een ronde taartplaat zoals pizza en bedek met olijven, kaas, muntblaadjes en glazuur.

Voeding (per 100g): 90 calorieën 3 g vet 4 g koolhydraten 2 g eiwit 761 mg natrium

Gemengde kruidenburgers

Bereidingstijd: 10 minuten

Kooktijd: 30 minuten

Porties: 6

Moeilijkheidsgraad: gemiddeld

Inhoud:

- middelgrote ui (1)
- Verse peterselie (3 eetlepels)
- knoflookteen (1)
- Gemalen piment (.75 theelepels)
- Peper (.75 theelepels)
- Gemalen nootmuskaat (.25 theel.)
- Kaneel (.5 theelepels)
- Zout (.5 theelepels)
- Verse munt (2 eetlepels)
- 90% mager rundergehakt (1,5 lb.)
- Optioneel: Koude Tzatziki-saus

Instructies:

Snijd de peterselie, munt, knoflook en ui fijn.

Klop nootmuskaat, zout, kaneel, peper, piment, knoflook, munt, peterselie en ui erdoor.

Voeg het rundvlees toe en maak zes (6) rechthoekige pasteitjes van 2 x 4 inch.

Gebruik de middelhoge warmtestand om de pasteitjes te grillen of bak 10 cm van het vuur gedurende 6 minuten aan elke kant.

Als u klaar bent, registreert de vleesthermometer 160 graden Fahrenheit. Serveer eventueel met saus.

Voeding (per 100g): 231 calorieën 9 g vet 10 g koolhydraten 32 g eiwit 811 mg natrium

Prosciutto - Sla - Tomaat & Avocado Sandwiches

Bereidingstijd: 10 minuten

Kooktijd: 10 minuten

Portie: 4

Moeilijkheidsgraad: Makkelijk

Inhoud:

- Prosciutto (2 oz./8 dunne plakjes)
- Rijpe avocado (in tweeën gesneden)
- Sla (4 hele blaadjes)
- grote rijpe tomaten (1)
- Sneetjes volkoren- of volkorenbrood (8)
- Zwarte peper en koosjer zout (.25 theelepels)

Instructies:

Snijd de slablaadjes in acht stukken (totaal). Snijd de tomaat in acht rondjes. Toast het brood en leg het op een bord.

Schil de avocado en doe deze in een mengkom. Licht bestrooien met peper en zout. Klop of pureer de avocado licht tot romig. Smeer op brood.

Maak een sandwich. Neem een plakje avocadotoost; Top met een blaadje sla, een plakje prosciutto en een plakje tomaat. Voeg nog een plakje sla tomaat toe en ga verder.

Herhaal het proces totdat alle ingrediënten op zijn.

Voeding (per 100g): 240 calorieën 9 g vet 8 g koolhydraten 12 g eiwit 811 mg natrium

Spinazie Taart

Bereidingstijd: 10 minuten

Kooktijd: 60 minuten

Porties: 6

Moeilijkheidsgraad: gemiddeld

Inhoud:

- Gesmolten boter (0,5 kopjes)
- Bevroren spinazie (pakket van 10 oz)
- Verse peterselie (0,5 kopjes)
- Groene uien (0,5 kopjes)
- Verse dille (0,5 kopjes)
- Verkruimelde fetakaas (0,5 kopjes)
- Roomkaas (4 oz.)
- Kwark (4 oz.)
- Parmezaanse kaas (2 eetlepels - geraspt)
- grote eieren (2)
- Peper en zout (naar smaak)
- filodeeg (40 vellen)

Instructies:

Verwarm de ovenstand tot 350 ° Fahrenheit.

Snipper/snipper de ui, dille en peterselie. Laat de spinazie en bladerdeegblaadjes ontdooien. Knijp de spinazie droog.

Mix spinazie, groene uien, eieren, kaas, peterselie, dille, peper en zout in een blender tot een romig geheel.

Maak klein filodeeg door het te vullen met een theelepel van het spinaziemengsel.

Vet de buitenkant van de driehoekjes licht in en leg ze met de naad naar beneden op een niet-ingevette bakplaat.

Plaats in de voorverwarmde oven en bak tot ze goudbruin en gezwollen zijn (20-25 minuten). Serveer gloeiend heet.

Voeding (per 100g): 555 calorieën 21,3 g vet 15 g koolhydraten 18,1 g eiwit 681 mg natrium

Witte Kipburgers

Bereidingstijd: 10 minuten

Kooktijd: 30 minuten

Porties: 6

Moeilijkheidsgraad: gemiddeld

Inhoud:

- ¼ kopje magere mayonaise
- ¼ kopje fijngehakte komkommer
- ¼ theelepel zwarte peper
- 1 theelepel Knoflookpoeder
- ½ kopje gehakte geroosterde zoete rode paprika
- ½ theelepel Griekse kruiden
- 1,5 pond. magere kip
- 1 kopje verkruimelde fetakaas
- 6 volkoren hamburgerbroodjes

Instructies:

Verwarm de grill voor in de oven. Meng mayonaise en komkommer. Zet het opzij.

Combineer elk van de smaakmakers en paprika voor de hamburgers. Meng de kip en kaas goed. Vorm van het mengsel pasteitjes van 15 cm dik.

Bak de hamburgers in een grill en plaats ze ongeveer tien centimeter van de warmtebron. Kook tot de thermometer 165 ° Fahrenheit bereikt.

Serveer met scones en komkommerdressing. Garneer eventueel met tomaten en sla en serveer.

Voeding (per 100g): 356 calorieën 14 g vet 10 g koolhydraten 31 g eiwit 691 mg natrium

Geroosterd varkensvlees voor taco's

Bereidingstijd: 10 minuten

Kooktijd: 1 uur 15 minuten

Porties: 6

Moeilijkheidsgraad: gemiddeld

Inhoud:

- Varkensschoudergebraad (4 lb.)
- Gehakte groene paprika's (blikjes van 2 - 4 oz)
- Chilipoeder (.25 kopjes)
- Gedroogde tijm (1 theelepel)
- Tacokruiden (1 theelepel)
- Knoflook (2 theelepels)
- Zout (1,5 theelepel of optioneel)

Instructies:

Stel de oven in op 300 ° Fahrenheit.

Leg het gebraad op een groot vel aluminiumfolie.

Giet de paprika's af. Rasp de knoflook.

Roer de groene chili, taco-kruiden, chilipoeder, tijm en knoflook erdoor. Verdeel het mengsel over het gebraad en dek af met een vel folie.

Leg het verpakte varkensvlees op een bakplaat op een braadrek om eventuele lekken op te vangen.

Rooster 3,5-4 uur in een hete oven tot het uit elkaar valt. Kook tot het midden minstens 145 ° Fahrenheit bereikt wanneer getest met een vleesthermometer (interne temperatuur).

Breng het gebraad over naar een hakblok om het met twee vorken in kleine stukjes te breken. Kruid naar wens.

Voeding (per 100g): 290 calorieën 17,6 g vet 12 g koolhydraten 25,3 g eiwit 471 mg natrium

Italiaanse Appel - Olijfoliecake

Bereidingstijd: 10 minuten

Kooktijd: 1 uur 10 minuten

Portie: 12

Moeilijkheidsgraad: gemiddeld

Inhoud:

- Gala appels (2 grote)
- Sinaasappelsap - voor het weken van appels
- Bloem voor alle doeleinden (3 kopjes)
- Gemalen kaneel (.5 theelepels)
- nootmuskaat (.5 theelepels)
- Zuiveringszout (1 theelepel)
- Zuiveringszout (1 theelepel)
- Suiker (1 kop)
- Olijfolie (1 kop)
- grote eieren (2)
- Gouden rozijnen (.66 kopjes)
- Banketbakkerssuiker - om te bestrooien
- Ook vereist: 9-inch bakvorm

Instructies:

Schil en hak de appels fijn. Besprenkel met voldoende sinaasappelsap om te voorkomen dat de appels bruin worden.

Week de rozijnen 15 minuten in warm water en laat goed uitlekken.

Zeef het bakpoeder, de bloem, het bakpoeder, de kaneel en de nootmuskaat. Zet het even aan de kant.

Giet de olijfolie en suiker in de kom van een keukenmixer. Mix op laag gedurende 2 minuten of tot alles goed gemengd is.

Roer terwijl je werkt, breek de eieren een voor een en blijf 2 minuten mixen. Het mengsel moet in volume toenemen; moet dik zijn - niet vloeibaar.

Combineer alle ingrediënten mooi. Maak een kuiltje in het midden van het bloemmengsel en voeg het mengsel van olijven en suiker toe.

Verwijder overtollig sap van de appels en zeef de geweekte rozijnen. Voeg ze samen met het deeg toe, meng goed.

Bereid de bakplaat voor met bakpapier. Leg het deeg op de bakplaat en strijk het glad met de achterkant van een houten lepel.

Bak gedurende 45 minuten op 350 graden Fahrenheit.

Als je klaar bent, haal je de cake van het bakpapier en plaats je hem op een serveerschaal. Bestuif met banketbakkerssuiker. Verwarm de donkere honing om de bovenkant te garneren.

Voeding (per 100g): 294 calorieën 11 g vet 9 g koolhydraten 5,3 g eiwit 691 mg natrium

Snelle tilapia met rode ui en avocado

Bereidingstijd: 10 minuten

Kooktijd: 5 minuten

Portie: 4

Moeilijkheidsgraad: gemiddeld

Inhoud:

- 1 eetlepel extra vergine olijfolie
- 1 eetlepel vers geperst sinaasappelsap
- ¼ theelepel koosjer of zeezout
- 4 (4-ounce) tilapiafilets, langer dan een vierkant, gevild of gevild
- ¼ kopje gehakte rode ui
- 1 avocado

Instructies:

Combineer olie, sinaasappelsap en zout in een 9-inch glazen taartplaat. Werk tegelijkertijd aan de filets, leg ze op een taartplaat en bedek ze aan alle kanten. Vorm de filets in een wagenwielformatie. Leg op elke filet 1 eetlepel ui en vouw het overhangende uiteinde van de filet dubbel over de ui. Als je klaar bent, zou je 4 gevouwen filets moeten hebben met de gevouwen kant naar de buitenrand van de plaat en de uiteinden naar het midden.

Wikkel de schaal in plastic en laat een klein stukje open om de stoom te laten ontsnappen. Kook ongeveer 3 minuten op hoog vuur in de magnetron. Als het klaar is, zou het in vlokken (stukjes) moeten breken als je er lichtjes op drukt met een vork. Garneer de filets met avocado en serveer.

Voeding (per 100g): 200 calorieën 3 g vet 4 g koolhydraten 22 g eiwit 811 mg natrium

Gegrilde Vis Met Citroen

Bereidingstijd: 10 minuten

Kooktijd: 10 minuten

Portie: 4

Moeilijkheidsgraad: moeilijk

Inhoud:

- 4 (4 ons) visfilets
- non-stick kookspray
- 3 tot 4 middelgrote citroenen
- 1 eetlepel extra vergine olijfolie
- ¼ theelepel versgemalen zwarte peper
- ¼ theelepel koosjer of zeezout

Instructies:

Droog de filets met keukenpapier en laat ze 10 minuten op kamertemperatuur staan. Smeer ondertussen het koude kookrooster van de grill in met anti-aanbakspray en verwarm de grill voor op 400 ° F of middelhoog vuur.

Snijd een citroen doormidden en leg de helft opzij. Snijd de resterende helft van deze citroen en de resterende citroenen in plakjes van ¼ inch dik. (Je zou ongeveer 12 tot 16 schijfjes citroen moeten hebben.) Pers in een kleine kom 1 eetlepel sap uit de gereserveerde citroenhelften.

Voeg de olie toe aan de kom samen met het citroensap en meng goed. Leg beide zijden van de vis in het oliemengsel en bestrooi gelijkmatig met peper en zout.

Leg de citroenschijfjes voorzichtig op de grill (of grillpan), schik 3 tot 4 plakjes bij elkaar tot een visfilet en herhaal dit met de overige plakjes. Leg de visfilets direct op de schijfjes citroen en grill met gesloten deksel. (Als u op het fornuis grilt, dek de pan dan af met een deksel van een grote pan of aluminiumfolie.) Draai de vis alleen halverwege de bereidingstijd om als de filets meer dan 2,5 cm dik zijn. Wanneer het begint te scheiden in vlokken wanneer het licht wordt ingedrukt met een vork, is het gaar.

Voeding (per 100g): 147 calorieën 5 g vet 1 g koolhydraten 22 g eiwit 917 mg natrium

Weekavond Koekenpan Vis Diner

Bereidingstijd: 10 minuten

Kooktijd: 10 minuten

Portie: 4

Moeilijkheidsgraad: gemiddeld

Inhoud:

- non-stick kookspray
- 2 eetlepels extra vergine olijfolie
- 1 eetlepel balsamicoazijn
- 4 (4 ons) visfilets (½ inch dik)
- 2½ kopje sperziebonen
- 1 pint cherry- of druiventomaten

Instructies:

Verwarm de oven voor op 400°F. Bestrijk twee grote, omrande bakplaten met anti-aanbakspray. Combineer de olie en azijn in een kleine kom. Zet het opzij. Leg op elke bakplaat twee stukken vis.

Combineer bonen en tomaten in een grote kom. Giet de olie en azijn erbij en meng lichtjes om te coaten. Giet op een bakplaat de helft van het sperziebonenmengsel en de andere helft over de vis. Draai de vis om en wrijf het oliemengsel in om te coaten. Verdeel de groenten gelijkmatig over de bakplaten zodat de hete lucht eromheen kan circuleren.

Kook tot de vis net ondoorzichtig is. Het is gaar als het in stukjes begint te breken als je er met een vork lichtjes in prikt.

Voeding (per 100g): 193 calorieën 8 g vet 3 g koolhydraten 23 g eiwit 811 mg natrium

Krokante Polenta Vissticks

Bereidingstijd: 10 minuten

Kooktijd: 15 minuten

Portie: 4

Moeilijkheidsgraad: moeilijk

Inhoud:

- 2 grote eieren, licht losgeklopt
- 1 eetlepel 2% melk
- 1 pond gevilde visfilets, in 20 (1 inch brede) reepjes gesneden
- ½ kopje gele maïsmeel
- ½ kopje volkoren panko paneermeel
- ¼ theelepel gerookt paprikapoeder
- ¼ theelepel koosjer of zeezout
- ¼ theelepel versgemalen zwarte peper
- non-stick kookspray

Instructies:

Plaats een grote omrande bakplaat in de oven. Verwarm de oven voor op 400 ° F met de pan erin. Combineer de eieren en melk in een grote kom. Voeg met een vork de visplakjes toe aan het eimengsel en roer voorzichtig om te coaten.

Doe de maïsmeel, paneermeel, gerookte paprika, zout en peper in een plastic zak met rits van een kwart formaat. Gebruik een vork of tang om de vis in de zak te doen en laat eventueel overtollig eiervocht in de kom druppelen voordat u het overbrengt. Sluit stevig en schud zachtjes om elke hengel volledig te bedekken.

Haal met ovenwanten voorzichtig de hete bakplaat uit de oven en spuit deze in met anti-aanbakspray. Haal de vissticks met een vork of tang uit de zak en plaats ze op een hete bakplaat met ruimte ertussen zodat de hete lucht kan circuleren en krokant worden. Bak gedurende 5 tot 8 minuten, tot licht aandrukken met een vork ervoor zorgt dat de vis schilfert, en serveer.

Voeding (per 100g): 256 calorieën 6 g vet 2 g koolhydraten 29 g eiwit 667 mg natrium

Pan-Zalm Diner

Bereidingstijd: 15 minuten

Kooktijd: 15 minuten

Portie: 4

Moeilijkheidsgraad: gemiddeld

Inhoud:

- 1 eetlepel extra vergine olijfolie
- 2 teentjes fijngehakte knoflook
- 1 theelepel gerookt paprikapoeder
- 1 pint druiven- of kerstomaatjes, in vieren
- 1 (12-ounce) pot geroosterde paprika
- 1 eetlepel water
- ¼ theelepel versgemalen zwarte peper
- ¼ theelepel koosjer of zeezout
- 1 pond zalmfilet, ontveld, in 8 stukken gesneden
- 1 eetlepel vers geperst citroensap (van ½ middelgrote citroen)

Instructies:

Verhit op middelhoog vuur de olie in een pan. Roer de knoflook en gerookte paprika erdoor en bak 1 minuut, onder regelmatig roeren. Voeg tomaten, geroosterde paprika, water, zwarte peper en zout toe en meng. Zet het vuur middelhoog, breng aan de kook en kook 3 minuten en pureer de tomaten tot het einde van de kooktijd.

Leg de zalm in de pan en sprenkel er wat saus over. Dek af en kook gedurende 10 tot 12 minuten (145 ° F met behulp van een vleesthermometer) en het zal onmiddellijk beginnen te schilferen.

Haal de pan van het vuur en sprenkel citroensap over de vis. Roer de saus en snijd de zalm in stukjes. Dienst.

Voeding (per 100g): 289 calorieën 13 g vet 2 g koolhydraten 31 g eiwit 581 mg natrium

Toscaanse Tonijn en Courgette Burgers

Bereidingstijd: 10 minuten

Kooktijd: 30 minuten

Portie: 4

Moeilijkheidsgraad: gemiddeld

Inhoud:

- 3 sneetjes volkoren sandwichbrood, geroosterd
- 2 (5-ounce) blikken tonijn met olijfolie
- 1 kopje geraspte courgette
- 1 groot ei, licht losgeklopt
- ¼ kopje gehakte rode paprika
- 1 eetlepel gedroogde tijm
- 1 theelepel citroenschil
- ¼ theelepel versgemalen zwarte peper
- ¼ theelepel koosjer of zeezout
- 1 eetlepel extra vergine olijfolie
- Groene salade om erbij te serveren of 4 volkoren broden (optioneel)

Instructies:

Verkruimel de toast met je vingers tot paneermeel (of een mes om het in blokjes van ¼ inch te snijden) tot je 1 kopje losjes verpakte kruimels hebt. Giet de kruimels in een grote kom. Voeg de tonijn, courgette, eieren, paprika, tijm, citroenschil, zwarte peper en zout toe. Meng goed met een vork. Verdeel het mengsel in vier pasteitjes (½ kopje). Leg op een bord en druk elk pasteitje aan tot ongeveer ¾ inch dik.

Fruit de olie in een pan op middelhoog vuur. Voeg de gehaktballen toe aan de hete olie en zet het vuur laag. Bak de gehaktballetjes 5 minuten, draai ze om met een spatel en bak nog eens 5 minuten. Geniet zoals het is of serveer over groene salades of volkoren broodjes.

Voeding (per 100g): 191 calorieën 10 g vet 2 g koolhydraten 15 g eiwit 661 mg natrium

Siciliaanse Kool en Tonijnkom

Bereidingstijd: 15 minuten

Kooktijd: 15 minuten

Porties: 6

Moeilijkheidsgraad: gemiddeld

Inhoud:

- 1 pond kool
- 3 eetlepels extra vergine olijfolie
- 1 kop gesnipperde ui
- 3 teentjes knoflook, fijngehakt
- 1 (2,25 ounce) blik gesneden olijven, uitgelekt
- ¼ kopje kappertjes
- ¼ theelepel paprikapoeder
- 2 theelepels suiker
- 2 (6-ounce) blikken tonijn met olijfolie
- 1 (15-ounce) blik cannellinibonen
- ¼ theelepel gemalen zwarte peper
- ¼ theelepel koosjer of zeezout

Instructies:

Kook in een pan die voor driekwart gevuld is met water. Roer de kool en kook gedurende 2 minuten. Giet de kool af met een vergiet en zet opzij.

Zet de lege pan terug op het vuur op middelhoog vuur en voeg de olie toe. Voeg de ui toe en bak 4 minuten onder voortdurend roeren. Voeg de knoflook toe en bak 1 minuut. Doe de olijven, kappertjes en geplette rode peper erbij en bak 1 minuut. Voeg als laatste de gedeeltelijk gekookte kool en suiker toe, meng tot de kool volledig bedekt is met olie. Dek de pan af en kook gedurende 8 minuten.

Haal de kool van het vuur, voeg tonijn, bonen, zwarte peper en zout toe en serveer.

Voeding (per 100g): 265 calorieën 12 g vet 7 g koolhydraten 16 g eiwit 715 mg natrium

Mediterrane kabeljauwstoofpot

Bereidingstijd: 10 minuten

Kooktijd: 20 minuten

Porties: 6

Moeilijkheidsgraad: gemiddeld

Inhoud:

- 2 eetlepels extra vergine olijfolie
- 2 kopjes gehakte uien
- 2 teentjes knoflook, fijngehakt
- ¾ theelepel gerookt paprikapoeder
- 1 (14,5 ounce) tomatenblokjes, ongedraineerd
- 1 (12-ounce) pot geroosterde paprika
- 1 kop gesneden olijven, groen of zwart
- 1/3 glas droge rode wijn
- ¼ theelepel versgemalen zwarte peper
- ¼ theelepel koosjer of zeezout
- 1½ pond kabeljauwfilets, in stukjes van 1 inch gesneden
- 3 kopjes gesneden champignons

Instructies:

Kook de olie in een pan. Roer de ui erdoor en bak 4 minuten, af en toe roerend. Roer de knoflook en gerookte paprika erdoor en bak 1 minuut, onder regelmatig roeren.

Roer de tomaten met hun sappen, geroosterde paprika's, olijven, wijn, peper en zout en breng op middelhoog vuur. Breng het aan de kook. Voeg de kabeljauw en champignons toe en zet het vuur middelhoog.

Laat ongeveer 10 minuten koken, af en toe roerend, tot de kabeljauw goed gaar is en makkelijk uit elkaar valt en serveer.

Voeding (per 100g): 220 calorieën 8 g vet 3 g koolhydraten 28 g eiwit 583 mg natrium

Gestoomde Mosselen in Witte Wijnsaus

Bereidingstijd: 5 minuten

Kooktijd: 10 minuten

Portie: 4

Moeilijkheidsgraad: moeilijk

Inhoud:

- 2 kilo kleine mosselen
- 1 eetlepel extra vergine olijfolie
- 1 kopje dun gesneden rode ui
- 3 teentjes knoflook, in plakjes
- 1 glas droge witte wijn
- 2 (¼ inch dikke) schijfjes citroen
- ¼ theelepel versgemalen zwarte peper
- ¼ theelepel koosjer of zeezout
- Verse citroenschijfjes om te serveren (optioneel)

Instructies:

Laat koud water over de mosselen lopen in een groot vergiet in de gootsteen (maar laat de mosselen niet in stilstaand water staan). Alle schelpen moeten goed gesloten zijn; Gooi alle schelpen weg die een beetje open of gebarsten zijn. Laat de mosselen tot gebruik in het vergiet.

Verhit de olie in een wijde pan. Roer de ui erdoor en bak 4 minuten, af en toe roerend. Voeg de knoflook toe en bak 1 minuut, onder voortdurend roeren. Voeg de wijn, schijfjes citroen, peper en zout toe en laat inkoken. Kook gedurende 2 minuten.

Voeg de mosselen toe en sluit het deksel. Kook de mosselen tot ze hun schelpen openen. Schud de pan voorzichtig twee of drie keer tijdens het koken.

Alle schelpen zouden nu volledig open moeten zijn. Gooi de nog gesloten mosselen met een schuimspaan weg. Doe de geopende mosselen in een ondiepe serveerschaal en giet het sap erover. Serveer eventueel met extra verse citroenpartjes.

Voeding (per 100g): 222 calorieën 7 g vet 1 g koolhydraten 18 g eiwit 708 mg natrium

Garnalen Sinaasappel en Knoflook

Bereidingstijd: 20 minuten

Kooktijd: 10 minuten

Porties: 6

Moeilijkheidsgraad: moeilijk

Inhoud:

- 1 grote sinaasappel
- 3 eetlepels extra vierge olijfolie, verdeeld
- 1 eetlepel gehakte verse rozemarijn
- 1 eetlepel gehakte verse tijm
- 3 teentjes knoflook, fijngehakt (ongeveer 1½ theelepel)
- ¼ theelepel versgemalen zwarte peper
- ¼ theelepel koosjer of zeezout
- 1½ pond verse rauwe garnalen, schelpen en staarten verwijderd

Instructies:

Rasp de hele sinaasappel met een citrusrasp. Meng sinaasappelschil en 2 eetlepels olie met rozemarijn, tijm, knoflook, peper en zout. Roer de garnalen, sluit de zak en masseer de garnalen zachtjes totdat alle ingrediënten zijn gecombineerd en de garnaal volledig is bedekt met kruiden. Zet het opzij.

Verhit een grill, grillpan of grote koekenpan op middelhoog vuur. Borstel of wervel de resterende 1 eetlepel olie. Voeg de helft van de garnalen toe en kook 4 tot 6 minuten of tot de garnalen roze en wit zijn, draai halverwege als je grilt of roer elke minuut in de koekenpan. Doe de garnalen in een grote serveerschaal. Herhaal en plaats ze in de kom.

Terwijl de garnaal kookt, pel je de sinaasappel en snijd je het vruchtvlees in hapklare stukjes. Doe over in een serveerschaal en meng met gekookte garnalen. Serveer onmiddellijk of zet in de koelkast en dien koud op.

Voeding (per 100g): 190 calorieën 8 g vet 1 g koolhydraten 24 g eiwit 647 mg natrium

Geroosterde Garnalen-Gnocchi Gebakken

Bereidingstijd: 10 minuten

Kooktijd: 20 minuten

Portie: 4

Moeilijkheidsgraad: gemiddeld

Inhoud:

- 1 kopje gehakte verse tomaten
- 2 eetlepels extra vergine olijfolie
- 2 teentjes knoflook, fijngehakt
- ½ theelepel versgemalen zwarte peper
- ¼ theelepel gemalen rode peper
- 1 (12-ounce) pot geroosterde paprika
- 1 pond verse rauwe garnalen, schelpen en staarten verwijderd
- 1 pond bevroren gnocchi (niet ontdooid)
- ½ kopje in blokjes gesneden fetakaas
- 1/3 kopje verse gescheurde basilicumblaadjes

Instructies:

Verwarm de oven voor op 425 ° F. Meng in een ovenschaal de tomaten, olie, knoflook, zwarte peper en geplette rode peper. Rooster 10 minuten in de oven.

Roer de geroosterde paprika en garnalen erdoor. Bak nog 10 minuten tot de garnalen roze en wit zijn.

Terwijl de garnalen koken, kook je de gnocchi op het fornuis volgens de aanwijzingen op de verpakking. Giet af in een vergiet en houd warm. Haal het eten uit de oven. Roer de gekookte gnocchi, feta en basilicum erdoor en serveer.

Voeding (per 100g): 277 calorieën 7 g vet 1 g koolhydraten 20 g eiwit 711 mg natrium

Pittige Garnalen Puttanesca

Bereidingstijd: 5 minuten

Kooktijd: 15 minuten

Portie: 4

Moeilijkheidsgraad: gemiddeld

Inhoud:

- 2 eetlepels extra vergine olijfolie
- 3 ansjovisfilets, uitgelekt en in stukjes gesneden
- 3 teentjes knoflook, fijngehakt
- ½ theelepel gemalen rode peper
- 1 (14,5 ounce) blik tomatenblokjes met een laag natriumgehalte of zonder zout, ongedraineerd
- 1 (2,25 ounce) blikje zwarte olijven
- 2 eetlepels kappertjes
- 1 eetlepel gehakte verse tijm
- 1 pond verse rauwe garnalen, schelpen en staarten verwijderd

Instructies:

Kook de olie op middelhoog vuur. Roer de ansjovis, knoflook en geplette rode peper erdoor. Laat 3 minuten koken, roer regelmatig en pureer de ansjovis met een houten lepel tot ze gesmolten zijn.

Meng de tomaten met de sappen, olijven, kappertjes en tijm. Zet het vuur middelhoog en breng aan de kook.

Als de saus een beetje borrelt, roer je de garnalen erdoor. Kies middelhoog vuur en kook de garnalen tot ze roze en wit worden en serveer.

Voeding (per 100g): 214 calorieën 10 g vet 2 g koolhydraten 26 g eiwit 591 mg natrium

Italiaanse tonijnsandwiches

Bereidingstijd: 10 minuten

Kooktijd: 0 minuten

Portie: 4

Moeilijkheidsgraad: Makkelijk

Inhoud:

- 3 eetlepels vers geperst citroensap
- 2 eetlepels extra vergine olijfolie
- 1 teentje knoflook, fijngehakt
- ½ theelepel versgemalen zwarte peper
- 2 (5 ons) blikken tonijn, uitgelekt
- 1 (2,25-ounce) blikje gesneden olijven
- ½ kopje gehakte verse venkel, inclusief bladeren
- 8 sneetjes volkoren stokbrood

Instructies:

Meng citroensap, olie, knoflook en peper. Voeg de tonijn, olijven en venkel toe. Snijd de tonijn in stukjes met een vork en roer om alle ingrediënten te combineren.

Verdeel de tonijnsalade gelijkmatig over 4 sneetjes brood. Leg de resterende sneetjes brood erop. Laat de broodjes minimaal 5 minuten staan zodat de heerlijke vulling voor het opdienen in het brood kan trekken.

Voeding (per 100g): 347 calorieën 17 g vet 5 g koolhydraten 25 g eiwit 447 mg natrium

Dille Zalm Salade Wraps

Bereidingstijd: 10 minuten

Kooktijd: 10 minuten

Porties: 6

Moeilijkheidsgraad: Makkelijk

Inhoud:

- 1 pond zalmfilet, gekookt en in blokjes gesneden
- ½ kopje gehakte wortelen
- ½ kopje gehakte selderij
- 3 eetlepels gehakte verse dille
- 3 eetlepels gesnipperde rode ui
- 2 eetlepels kappertjes
- 1½ eetlepel extra vergine olijfolie
- 1 eetlepel oude balsamicoazijn
- ½ theelepel versgemalen zwarte peper
- ¼ theelepel koosjer of zeezout
- 4 volkoren pannenkoekenwraps of zacht volkorenbrood

Instructies:

Combineer zalm, wortelen, selderij, dille, rode ui, kappertjes, olie, azijn, peper en zout. Verdeel de zalmsalade over de pannenkoeken. Vouw de onderkant van het flatbread dicht, wikkel het in en serveer.

Voeding (per 100g): 336 calorieën 16 g vet 5 g koolhydraten 32 g eiwit 884 mg natrium

Witte Oester Pizza Taart

Bereidingstijd: 10 minuten

Kooktijd: 20 minuten

Portie: 4

Moeilijkheidsgraad: moeilijk

Inhoud:

- 1 pond gekoeld vers pizzadeeg
- non-stick kookspray
- 2 eetlepels extra vierge olijfolie, verdeeld
- 2 teentjes knoflook, fijngehakt (ongeveer 1 theelepel)
- ½ theelepel gemalen rode peper
- 1 (10 ounce) blik hele baby-oesters, uitgelekt
- ¼ kopje droge witte wijn
- Bloem voor alle doeleinden om te bestuiven
- 1 kop gehakte mozzarellakaas
- 1 eetlepel geraspte Pecorino Romano of Parmezaanse kaas
- 1 eetlepel gehakte verse platbladige (Italiaanse) peterselie

Instructies:

Verwarm de oven voor op 500°F. Borstel een grote, omrande bakplaat met anti-aanbakspray.

Verhit 1½ eetlepel olie in een grote koekenpan. Voeg de knoflook en geplette rode peper toe en bak 1 minuut, roer regelmatig om te voorkomen dat de knoflook verbrandt. Voeg het gereserveerde oestersap en de wijn toe. Breng op hoog vuur aan de kook. Zet het vuur op middelhoog zodat de saus net kookt en laat 10 minuten sudderen, af en toe roeren. De saus kookt en wordt dikker.

Leg de oesters erop en kook 3 minuten, af en toe roerend. Terwijl de saus aan het koken is, rol je het pizzadeeg op een licht met bloem bestoven oppervlak uit tot een cirkel van 30 cm of een rechthoek van 10 bij 12 inch met een deegroller, of rek je het met de hand uit. Leg het deeg op de voorbereide bakplaat. Vet het deeg in met de resterende halve eetlepel olie. Zet apart tot de oestersaus klaar is.

Verdeel de mosselsaus over het voorbereide deeg binnen ½ inch van de rand. Bestrooi met mozzarella en vervolgens Pecorino Romano.

Kook gedurende 10 minuten. Haal de pizza uit de oven en leg hem op een houten snijplank. Bestrooi met peterselie, snijd in acht stukken met een pizzasnijder of een scherp mes en serveer.

Voeding (per 100g): 541 calorieën 21 g vet 1 g koolhydraten 32 g eiwit 688 mg natrium

Gebakken Bonen Vismeel

Bereidingstijd: 10 minuten

Kooktijd: 10 minuten

Portie: 4

Moeilijkheidsgraad: Makkelijk

Inhoud:

- 1 eetlepel balsamicoazijn
- 2 ½ kopje sperziebonen
- 1 pint cherry- of druiventomaten
- 4 (4 ons elk) visfilets, zoals kabeljauw of tilapia
- 2 eetlepels olijfolie

Instructies:

Verwarm een oven voor op 400 graden. Vet twee bakplaten in met een beetje olijfolie of olijfoliespray. Leg op elk vel 2 visfilets. Giet olijfolie en azijn in een mengkom. Combineer zodat ze goed met elkaar mengen.

Roer de sperziebonen en tomaten erdoor. Combineer zodat ze goed met elkaar mengen. Combineer beide mengsels mooi met elkaar. Giet het mengsel gelijkmatig over de visfilets. Kook gedurende 6 tot 8 minuten, tot de vis ondoorzichtig is en gemakkelijk uit elkaar valt. Heet opdienen.

Voeding (per 100g): 229 calorieën 13 g vet 8 g koolhydraten 2,5 g eiwit 559 mg natrium

Champignon Kabeljauw Ovenschotel

Bereidingstijd: 10 minuten

Kooktijd: 20 minuten

Porties: 6

Moeilijkheidsgraad: Makkelijk

Inhoud:

- 2 eetlepels extra vergine olijfolie
- 2 teentjes knoflook, fijngehakt
- 1 doos tomaten
- 2 kopjes gehakte uien
- ¾ theelepel gerookt paprikapoeder
- (12 ounce) pot geroosterde paprika
- 1/3 glas droge rode wijn
- ¼ theelepel koosjer of zeezout
- ¼ theelepel zwarte peper
- 1 kopje zwarte olijven
- 1 ½ pond kabeljauwfilets, in stukken van 1 inch gesneden
- 3 kopjes gesneden champignons

Instructies:

Neem een middelgrote pan, verwarm de olie op middelhoog vuur. Voeg de uien toe en bak al roerend 4 minuten. Voeg knoflook en gerookte paprika toe; Kook gedurende 1 minuut, roer regelmatig. Tomaten met sap, geroosterde paprika, olijven, wijn, peper en zout toevoegen; meng voorzichtig. Kook het mengsel. Voeg de kabeljauw en champignons toe; zet het vuur laag tot medium. Dek af en kook tot de kabeljauw gemakkelijk loslaat, onder af en toe roeren. Heet opdienen.

Voeding (per 100g): 238 calorieën 7 g vet 15 g koolhydraten 3,5 g eiwit 772 mg natrium

pittige zwaardvis

Bereidingstijd: 10 minuten
Kooktijd: 15 minuten
Portie: 4
Moeilijkheidsgraad: gemiddeld

Inhoud:

- 4 (7 ons elk) zwaardvissteaks
- 1/2 theelepel gemalen zwarte peper
- 12 teentjes knoflook, gepeld
- 3/4 theelepel zout
- 1 1/2 theelepel gemalen komijn
- 1 theelepel rode peper
- 1 theelepel koriander
- 3 eetlepels citroensap
- 1/3 kopje olijfolie

Instructies:

Pak een blender of keukenmachine, open het deksel en voeg alle ingrediënten toe behalve de zwaardvis. Sluit het deksel en meng tot een glad mengsel. Droge vissteak; Smeer gelijkmatig in met de bereide kruidenmix.

Voeg een aluminiumfolie toe, dek af en zet 1 uur in de koelkast. Verwarm een grillpan voor op hoog vuur, giet olie en verhit. visbiefstuk toevoegen; Kook, al roerend, gedurende 5-6 minuten, tot ze aan alle kanten bruin en gelijkmatig bruin zijn. Heet opdienen.

Voeding (per 100g): 255 calorieën 12 g vet 4 g koolhydraten 0,5 g eiwit 990 mg natrium

ansjovis pasta rage

Bereidingstijd: 10 minuten
Kooktijd: 20 minuten
Portie: 4
Moeilijkheidsgraad: Makkelijk

Inhoud:

- 4 ansjovisfilets verpakt in olijfolie
- ½ pond broccoli, in roosjes van 1 inch gesneden
- 2 teentjes knoflook, in plakjes
- 1 pond volkoren penne
- 2 eetlepels olijfolie
- ¼ kopje Parmezaanse kaas, geraspt
- Zout en peper naar smaak
- Rode pepervlokken naar smaak

Instructies:

Kook de pasta zoals aangegeven op de verpakking; maak het leeg en leg het opzij. Neem een middelgrote pan of pan, voeg olie toe. Verhit op middelhoog vuur. Voeg de ansjovis, broccoli en knoflook toe en kook 4-5 minuten tot de groenten gaar zijn. Verwijder het vuur; meng door de pasta. Serveer warm, bestrooid met Parmezaanse kaas, rode pepervlokken, zout en peper.

Voeding (per 100g): 328 calorieën 8 g vet 35 g koolhydraten 7 g eiwit 834 mg natrium

Garnalen Knoflook Pasta

Bereidingstijd: 10 minuten

Kooktijd: 15 minuten

Portie: 4

Moeilijkheidsgraad: Makkelijk

Inhoud:

- 1 pond garnalen, gepeld en ontdarmd
- 3 teentjes knoflook, fijngehakt
- 1 ui, fijngehakt
- 1 pakje volkoren pasta of gedroogde bonen naar keuze
- 4 eetlepels olijfolie
- Zout en peper naar smaak
- ¼ kopje basilicum, in reepjes gesneden
- ¾ kopje kippenbouillon, natriumarm

Instructies:

Kook de pasta zoals aangegeven op de verpakking; afspoelen en opzij zetten. Neem een middelgrote pan, voeg de olie toe en verhit deze op middelhoog vuur. Voeg de ui, knoflook toe en roer 3 minuten tot het glazig en geurig wordt.

Voeg garnalen, zwarte peper (gemalen) en zout toe; Kook al roerend gedurende 3 minuten tot de garnalen ondoorzichtig zijn. Voeg de bouillon toe en kook nog 2-3 minuten. Voeg pasta toe aan serveerschalen; voeg er garnalenmengsel aan toe; Serveer warm met basilicum erop.

Voeding (per 100g): 605 calorieën 17 g vet 53 g koolhydraten 19 g eiwit 723 mg natrium

Zalm Met Azijn Honing

Bereidingstijd: 10 minuten

Kooktijd: 5 minuten

Portie: 4

Moeilijkheidsgraad: Makkelijk

Inhoud:

- 4 (8-ounce) zalmfilets
- 1/2 kopje balsamicoazijn
- 1 eetlepel honing
- Zwarte peper en zout, naar smaak
- 1 eetlepel olijfolie

Instructies:

Combineer honing en azijn. Combineer zodat ze goed met elkaar mengen.

Kruid de visfilets met zwarte peper (gemalen) en zeezout; Bestrijk met honingglazuur. Neem een middelgrote pan of pan, voeg olie toe. Verhit op middelhoog vuur. Voeg de zalmfilets toe en kook al roerend tot het midden medium rood en lichtbruin is, 3 tot 4 minuten aan elke kant. Heet opdienen.

Voeding (per 100g): 481 calorieën 16 g vet 24 g koolhydraten 1,5 g eiwit 673 mg natrium

Oranje Vismeel

Bereidingstijd: 10 minuten

Kooktijd: 5 minuten

Portie: 4

Moeilijkheidsgraad: Makkelijk

Inhoud:

- ¼ theelepel koosjer of zeezout
- 1 eetlepel extra vergine olijfolie
- 1 eetlepel sinaasappelsap
- 4 (4-ounce) tilapiafilets, met of zonder vel
- ¼ kopje gehakte rode ui
- 1 avocado, ontpit, geschild en in plakjes

Instructies:

Neem een 9-inch ovenschaal; Voeg olijfolie, sinaasappelsap en zout toe. Combineer goed. Voeg de visfilets toe en bedek ze goed. Voeg de uien toe aan de visfilets. Dek af met een plastic folie. Magnetron gedurende 3 minuten tot de vis goed gaar is en gemakkelijk los te weken is. Serveer warm met plakjes avocado erop.

Voeding (per 100g): 231 calorieën 9 g vet 8 g koolhydraten 2,5 g eiwit 536 mg eiwit

Garnaal

Bereidingstijd: 10 minuten

Kooktijd: 5 minuten

Portie: 2

Moeilijkheidsgraad: Makkelijk

Inhoud:

- 2 eetlepels gehakte peterselie
- 2 theelepels gehakte knoflook
- 1 theelepel zout
- ½ theelepel zwarte peper
- 2 middelgrote courgettes, spiraalvormig
- 3/4 pond middelgrote garnalen, gepeld en ontdarmd
- 1 eetlepel olijfolie
- 1 citroen, geperst en geraspt

Instructies:

Neem een middelgrote pan of pan, voeg olie, citroensap, citroenschil toe. Verwarm op middelhoog vuur. Voeg de garnalen toe en bak al roerend 1 minuut aan elke kant. Fruit de knoflook en rode pepervlokken nog 1 minuut. Voeg zoodles toe en meng voorzichtig; Kook 3 minuten tot je tevreden bent. Breng goed op smaak, bestrooi met peterselie en dien warm op.

Voeding (per 100g): 329 calorieën 12 g vet 11 g koolhydraten 3 g eiwit 734 mg natrium

Asperge Forel Maaltijd

Bereidingstijd: 10 minuten

Kooktijd: 20 minuten

Portie: 4

Moeilijkheidsgraad: Makkelijk

Inhoud:

- 2 kilo forelfilet
- 1 pond asperges
- Zout en gemalen witte peper, naar smaak
- 1 eetlepel olijfolie
- 1 teentje knoflook, fijngehakt
- 1 groene ui, dun gesneden (groen en wit deel)
- 4 medium gouden aardappelen, in dunne plakjes gesneden
- 2 Roma-tomaten, in stukjes
- 8 ontpitte kalamata-olijven, fijngehakt
- 1 grote wortel, in dunne plakjes
- 2 eetlepels gedroogde peterselie
- ¼ kopje gemalen komijn
- 2 eetlepels rode peper
- 1 eetlepel groentebouillonkruiden
- ½ kopje droge witte wijn

Instructies:

Voeg in een mengkom de visfilets, witte peper en zout toe. Combineer zodat ze goed met elkaar mengen. Neem een middelgrote pan of pan, voeg olie toe. Verwarm op middelhoog vuur. Voeg de asperges, aardappelen, knoflook, witte deel groene uien toe en kook 4-5 minuten tot ze gaar zijn. Voeg tomaten, wortelen en olijven toe; Roer en kook 6-7 minuten tot ze zacht zijn. Voeg komijn, paprika, peterselie, bouillonkruiden en zout toe. Meng het mengsel goed.

Roer de witte wijn en de visfilets erdoor. Dek af op laag vuur en kook tot de vis gemakkelijk uit elkaar valt, ongeveer 6 minuten, af en toe roerend. Serveer warm, bestrooid met groene uien.

Voeding (per 100g):303 calorieën 17 g vet 37 g koolhydraten 6 g eiwit 722 mg natrium

Boerenkool Olijf Tonijn

Bereidingstijd: 10 minuten

Kooktijd: 15 minuten

Porties: 6

Moeilijkheidsgraad: gemiddeld

Inhoud:

- 1 kop gesnipperde ui
- 3 teentjes knoflook, fijngehakt
- 1 (2,25 ounce) blik gesneden olijven, uitgelekt
- 1 kilo kool, gesneden
- 3 eetlepels extra vergine olijfolie
- ¼ kopje kappertjes
- ¼ theelepel gemalen rode peper
- 2 theelepels suiker
- 1 (15-ounce) blik cannellinibonen
- 2 (6 ounce) blikken tonijn in olijfolie, ongedraineerd
- ¼ theelepel zwarte peper
- ¼ theelepel koosjer of zeezout

Instructies:

Week de kool 2 minuten in kokend water; maak het leeg en leg het opzij. Neem een middelgrote pan of ketel, verwarm de olie op middelhoog vuur. Voeg de ui toe en kook, al roerend, tot glazig en zacht. Voeg knoflook toe en roer tot geurig, 1 minuut.

Voeg de olijven, kappertjes en rode peper toe en bak al roerend 1 minuut. Meng gekookte kool en suiker. Bedek het mengsel op laag vuur en kook ongeveer 8-10 minuten, af en toe roerend. Voeg de tonijn, bonen, peper en zout toe. Meng goed en dien warm op.

Voeding (per 100g): 242 calorieën 11 g vet 24 g koolhydraten 7 g eiwit 682 mg natrium

Scherpe rozemarijngarnalen

Bereidingstijd: 10 minuten

Kooktijd: 10 minuten

Porties: 6

Moeilijkheidsgraad: Makkelijk

Inhoud:

- 1 grote sinaasappel, geraspt en geschild
- 3 teentjes knoflook, fijngehakt
- 1 ½ pond rauwe garnalen, schelpen en staarten verwijderd
- 3 eetlepels olijfolie
- 1 eetlepel gehakte tijm
- 1 eetlepel gehakte rozemarijn
- ¼ theelepel zwarte peper
- ¼ theelepel koosjer of zeezout

Instructies:

Neem een plastic zak met ritssluiting, voeg sinaasappelschil, garnalen, 2 eetlepels olijfolie, knoflook, tijm, rozemarijn, zout en peper toe. Goed schudden en opzij zetten om 5 minuten te marineren.

Voeg 1 eetlepel olijfolie toe aan een middelgrote pan of koekenpan. Verhit op middelhoog vuur. Voeg de garnalen toe en kook, al roerend, gedurende 2-3 minuten aan elke kant, tot ze volledig roze en ondoorzichtig zijn. Snijd de sinaasappel in hapklare stukjes en leg ze op een serveerschaal. Voeg de garnalen toe en meng goed. Serveer vers.

Voeding (per 100g): 187 calorieën 7 g vet 6 g koolhydraten 0,5 g eiwit 673 mg natrium

asperges zalm

Bereidingstijd: 10 minuten

Kooktijd: 15 minuten

Portie: 2

Moeilijkheidsgraad: Makkelijk

Inhoud:

- 8,8 ounce bos asperges
- 2 kleine zalmfilets
- 1 ½ theelepel zout
- 1 theelepel zwarte peper
- 1 eetlepel olijfolie
- 1 kopje hollandaisesaus, koolhydraatarm

Instructies:

Kruid de zalmfilets goed. Neem een middelgrote pan of pan, voeg olie toe. Verwarm op middelhoog vuur.

Voeg de zalmfilets toe en kook, al roerend, tot ze gelijkmatig bruin en goed gaar zijn, 4-5 minuten aan elke kant. Voeg de asperges toe en kook al roerend nog 4-5 minuten. Serveer warm met hollandaisesaus erover.

Voeding (per 100g): 565 calorieën 7 g vet 8 g koolhydraten 2,5 g eiwit 559 mg natrium

Tonijn en Hazelnoot Salade

Bereidingstijd: 10 minuten

Kooktijd: 0 minuten

Portie: 4

Moeilijkheidsgraad: Makkelijk

Inhoud:

- 1 eetlepel gehakte dragon
- 1 stengel bleekselderij, bijgesneden en fijngehakt
- 1 middelgrote sjalot, gesnipperd
- 3 eetlepels gehakte bieslook
- 1 (5 ounce) blik tonijn (omhuld met olijfolie), uitgelekt en in blokjes gesneden
- 1 theelepel Dijon-mosterd
- 2-3 eetlepels mayonaise
- 1/4 theelepel zout
- 1/8 theelepel peper
- 1/4 kopje geroosterde pijnboompitten

Instructies:

Voeg in een grote slakom tonijn, sjalotjes, bieslook, dragon en selderij toe. Combineer zodat ze goed met elkaar mengen. Voeg mayonaise, mosterd, zout en peper toe aan een mengkom. Combineer zodat ze goed met elkaar mengen. Voeg het mayonaisemengsel toe aan de slakom; Gooi goed om te combineren. Voeg pijnboompitten toe en meng opnieuw. Serveer vers.

Voeding (per 100g): 236 calorieën 14 g vet 4 g koolhydraten 1 g eiwit 593 mg natrium

Romige Garnalensoep

Bereidingstijd: 10 minuten

Kooktijd: 35 minuten

Porties: 6

Moeilijkheidsgraad: gemiddeld

Inhoud:

- 1 pond middelgrote garnalen, gepeld en ontdarmd
- 1 prei, wit en lichtgroene delen in plakjes
- 1 middelgrote venkelknol, gehakt
- 2 eetlepels olijfolie
- 3 stengels bleekselderij, fijngehakt
- 1 teentje knoflook, fijngehakt
- Zeezout en gemalen zwarte peper naar smaak
- 4 kopjes groente- of kippenbouillon
- 1 eetlepel venkelzaad
- 2 eetlepels lichte room
- sap van 1 citroen

Instructies:

Neem een middelgrote pan of braadpan, verwarm de olie op middelhoog vuur. Voeg de bleekselderij, prei en venkel toe en kook, al roerend, tot de groenten zacht en bruin zijn, ongeveer 15 minuten. Voeg knoflook toe; Breng op smaak met zwarte peper en zeezout. Voeg venkelzaad toe en meng.

Schenk de bouillon erbij en breng aan de kook. Kook het mengsel ongeveer 20 minuten op laag vuur, af en toe roerend. Voeg garnalen toe en kook 3 minuten tot ze net roze zijn. Meng room en citroensap; heet opdienen.

Voeding (per 100g): 174 calorieën 5 g vet 9,5 g koolhydraten 2 g eiwit 539 mg natrium

Pittige Zalm Met Quinoa Met Groenten

Bereidingstijd: 30 minuten

Kooktijd: 10 minuten

Portie: 4

Moeilijkheidsgraad: moeilijk

Inhoud:

- 1 kopje ongekookte quinoa
- 1 theelepel zout, gehalveerd
- ¾ kopje komkommer, zaden verwijderd, gehakt
- 1 kop kerstomaatjes, gehalveerd
- ¼ kopje rode ui, gehakt
- 4 verse basilicumblaadjes, in dunne plakjes gesneden
- schil van een citroen
- ¼ theelepel zwarte peper
- 1 theelepel komijn
- ½ theelepel paprikapoeder
- 4 (5 oz.) Zalmfilets
- 8 schijfjes citroen
- ¼ kopje verse peterselie, gehakt

Instructies:

Voeg in een middelgrote pan de quinoa, 2 kopjes water en ½ theelepel zout toe. Verwarm ze tot het water kookt en verlaag dan de temperatuur tot het kookt. Dek de pan af en laat 20 minuten koken of de tijd die op de verpakking van de quinoa staat aangegeven. Zet het vuur onder de quinoa uit en laat het afgedekt nog minimaal 5 minuten staan voordat je het serveert.

Voeg net voor het serveren de ui, tomaat, komkommer, basilicumblaadjes en citroenrasp toe aan de quinoa en meng alles voorzichtig met een lepel. Bereid ondertussen (terwijl de quinoa kookt) de zalm. Zet de ovengrill op de hoogste stand en zorg dat er een plank onderin de oven is. Voeg in een kleine kom de volgende ingrediënten toe: zwarte peper, ½ theelepel zout, komijn en paprika. Meng ze samen.

Plaats de folie op een glazen of aluminium bakplaat en spuit vervolgens met anti-aanbakspray. Zalmfilet op folie leggen. Verdeel de kruidenmix over elke filet (ongeveer ½ theelepel kruidenmix per filet). Voeg de plakjes citroen toe aan de zijkanten van de pan naast de zalm.

Bak de zalm 8-10 minuten onder de grill. Je doel is om de zalm gemakkelijk te breken met een vork. Bestrooi de zalm met peterselie en serveer met partjes citroen en groentepeterselie. Genieten!

Voeding (per 100g): 385 calorieën 12,5 g vet 32,5 g koolhydraten 35,5 g eiwit 679 mg natrium

Appel Mosterd Forel

Bereidingstijd: 15 minuten

Kooktijd: 55 minuten

Portie: 2

Moeilijkheidsgraad: moeilijk

Inhoud:

- 1 Eetlepel Olijfolie
- 1 kleine sjalot, gesnipperd
- 2 Miss appels, helften
- 4 forelfilets, elk 3 ons
- 1 1/2 eetlepel broodkruimels, gewoon en fijn
- 1/2 Theelepel Tijm, Vers en Gehakt
- 1/2 eetlepel boter, gesmolten en ongezouten
- 1/2 Kop Appelcider Azijn
- 1 Theelepel Lichtbruine Suiker
- 1/2 eetlepel Dijon-mosterd
- 1/2 eetlepel kappertjes, afgespoeld
- Zeezout en zwarte peper naar smaak

Instructies:

Bereid de oven voor op 375 graden en verwijder dan een kleine kom. Meng het paneermeel, de sjalot en de tijm voordat je het op smaak brengt met zout en peper.

Voeg de boter toe en meng goed.

Leg de appels met de snijkant naar boven op een bakplaat en bestrooi met suiker. Bestrooi met paneermeel en giet de helft van het appelsap rond de appels om het bord te bedekken. Kook een half uur.

Ontdek en kook nog eens twintig minuten. De appels moeten zacht zijn, maar je kruimels moeten knapperig zijn. Haal de appels uit de oven.

Open de vleeskuikens en plaats het rek op tien centimeter afstand. Pureer je forel en bestrooi met zout en peper. Vet een bakplaat in met olie en leg de forel met het vel naar boven. Wrijf de resterende olie in je huid en bak gedurende zes minuten. Herhaal dit voor appels op het rek net onder de forel. Dit zorgt ervoor dat de kruimels niet verbranden en het duurt slechts twee minuten om op te warmen.

Verwijder een steelpan en klop de resterende cider, kappertjes en mosterd erdoor. Voeg indien nodig meer cider toe, verdun en kook op middelhoog vuur gedurende vijf minuten. Het moet een sausachtige consistentie zijn. Giet de sappen over de vis en serveer met een appel op elk bord.

Voeding (per 100g): 366 calorieën 13 g vetten 10 g koolhydraten 31 g eiwit 559 mg natrium

Garnalen Gnocchi

Bereidingstijd: 5 minuten

Kooktijd: 15 minuten

Portie: 4

Moeilijkheidsgraad: moeilijk

Inhoud:

- 1/2 pond. Garnalen, Gepeld en Geaderd
- 1/4 kop sjalotjes, in plakjes
- 1/2 Eetlepel + 1 Theelepel Olijfolie
- 8 Ounce Plank Stabiele Gnocchi
- 1/2 bos asperges, in kwarten
- 3 Eetlepels Parmezaanse Kaas
- 1 eetlepel citroensap, vers
- 1/3 Kop Kippenbouillon
- Zeezout en zwarte peper naar smaak

Instructies:

Begin met het verhitten van een halve eetlepel olie op middelhoog vuur en voeg dan je gnocchi toe. Kook, onder regelmatig roeren, tot het dik en goudbruin is. Dit duurt zeven tot tien minuten. Doe ze in een kom.

Verhit de resterende theelepel olie met je sjalotjes, bak ze tot ze bruin beginnen te worden. Zorg ervoor dat je roert, maar dit duurt twee minuten. Roer het water voordat je je asperges toevoegt. Dek af en kook gedurende drie tot vier minuten.

Voeg de garnalen toe, breng op smaak met zout en peper. Kook tot ze bruin en gaar zijn, wat ongeveer vier minuten duurt.

Doe de gnocchi terug in de pan met het citroensap en kook nog twee minuten. Na goed mengen van het fornuis halen.

Bestrooi met Parmezaanse kaas en laat twee minuten staan. Je kaas moet smelten. Heet opdienen.

Voeding (per 100g): 342 calorieën 11 g vet 9 g koolhydraten 38 g eiwit 711 mg natrium

Garnalen Saganaki

Bereidingstijd: 15 minuten

Kooktijd: 30 minuten

Portie: 2

Moeilijkheidsgraad: gemiddeld

Inhoud:

- 1/2 pond. Gepelde Garnalen
- 1 kleine ui, gesnipperd
- 1/2 kop witte wijn
- 1 Eetlepel Peterselie, Vers en Gehakt
- 8 Ons Tomaten, Ingeblikt En Gehakt
- 3 Eetlepels Olijfolie
- 4 Ons Feta Kaas
- Kubus Zout
- Lijn zwarte peper
- 14 theelepels knoflookpoeder

Instructies:

Haal een steelpan tevoorschijn en giet er ongeveer vijf centimeter water in en breng het aan de kook. Kook gedurende vijf minuten en giet af, maar bewaar de vloeistof. Zet zowel garnalen als vloeistof opzij.

Verhit vervolgens twee eetlepels olie en voeg als het warm is je uien toe. Kook tot de uien glazig zijn. Roer de peterselie, knoflook, wijn, olijfolie en tomaten erdoor. Kook een half uur en roer tot het ingedikt is.

Verwijder de garnalenpoten door aan de schelpen, kop en staart te trekken. Zodra het dikker wordt, voeg je de garnalen en garnalenbouillon toe aan de saus. Laat vijf minuten koken en voeg dan de fetakaas toe. Laat staan tot de kaas smelt en serveer dan heet.

Voeding (per 100g): 329 calorieën 14 g vet 10 g koolhydraten 31 g eiwit 449 mg natrium

Mediterrane zalm

Bereidingstijd: 10 minuten

Kooktijd: 20 minuten

Portie: 2

Moeilijkheidsgraad: Makkelijk

Inhoud:

- 2 zalmfilet, zonder vel & 6 ounce elk
- 1 Kop Cherry Tomaten
- 1 eetlepel kappertjes
- 1/4 kop Courgette, fijngehakt
- 1/8 theelepel zwarte peper
- 1/8 Theelepel Zeezout, Fijn
- 1/2 Eetlepel Olijfolie
- 1,25 Ons Rijpe Olijven, Gesneden

Instructies:

Nadat je de oven op 425 graden hebt bereid, strooi je zout en peper aan beide kanten van je vis. Nadat je je ovenschaal hebt ingesmeerd met kookspray, leg je de vis in een enkele rij op de bakplaat.

Combineer de tomaten en de overige ingrediënten, giet het mengsel over je filets en kook gedurende tweeëntwintig minuten. Heet opdienen.

Voeding (per 100g): 322 calorieën 10 g vet 15 g koolhydraten 31 g eiwit 493 mg natrium

www.ingramcontent.com/pod-product-compliance
Lightning Source LLC
Chambersburg PA
CBHW070422120526
44590CB00014B/1505